2

pit vogt
die mörderin
texte

Impressum

Design & Layout: Pit Vogt

Herstellung und Verlag:
BoD - Books on Demand, Norderstedt
ISBN 978-3-7386-4646-7

© 2017

Inhalt

7	Die Mörderin
9	Schicksal
11	Flucht
14	Friedensballade
17	Gedanke
18	Gern
19	Im Park
20	In meinem Keller
22	Irgendwas
24	Ich
25	Nach dir
26	Nach Hause
27	Nackt
28	Poesie
29	November
31	Schmutziger Ort
32	Suche
33	Träume
34	Wir
36	Worte
37	Wünsche
38	Advent
39	Am Meer
41	Sag mir
42	Bakers Point
43	Bei Dir
44	Besuch
47	Dämmern
49	Die Angestellte
51	Die Fee
52	Er
53	Kühle
55	Erkenntnis
56	Der Schauspieler
58	Mein Weg
60	Mona Lisa
61	Manchmal
63	Für einen Star
64	Resignation
66	Die Partisanin
68	Zeit
69	Im Wald
71	Schlaflos
73	Weihnachtsgeschichte

Inhalt

77	Insel
78	Vers
79	Sehnsucht nach Berlin
81	Manchmal vielleicht
82	Träne
83	Heimgang
84	Regenguss
85	Absturz
86	Sturm
87	Traum
88	Ach lass
89	Kalter Winter
92	Garten
93	Abschied?
95	Wenn
97	Morgen
99	Meins
101	Erinnerungen
103	Frühlingsweise
104	Zeit
107	Das Leben
108	Geister
109	Alte Frau
110	Regennacht
111	Der letzte Sommer
113	Manchmal
114	Einst
115	Gefühle
116	Am Grab
117	Frühling
118	Flieger
119	Mein Amerika
120	An die Eltern
123	Gejammer
126	Leuchtturm
128	Wiedersehen
130	Naher Winter
131	Der Trinker
134	Der Minister
136	Intensivstation
138	Mauern
139	Abgesang

Die Mörderin

Sie saß ihr gegenüber
an dem viel zu großen Tisch
Sie stellte viele Fragen, aber sonst?
War da wirklich nichts?
Die Frau da gegenüber hat getötet wohl
Einen Mann, den Vergewaltiger,
so ganz ohne Groll

Die Polizistin sah ihr tief ins Angesicht
Sie stellte viele Fragen,
aber sonst war wirklich nichts
Sie hat erzählt, dass sie einfach nichts bereut
Sie wurde vergewaltigt
Und ihr halfen keine Leut

Düster war der Raum
Düster auch jenes Verhör
Manch Frage,
manche Antwort fiel so furchtbar schwer
Tränen schwiegen übers starre Angesicht
Überall nur Trauer,
jenseitig von Dunkelheit und Licht

Immer wieder Stille,
wenn *man* nicht mehr sprach
Beide Frauen dort am Tisch
Und so schrecklich wach
Das, was man ihr antat, war der schlimmste Tod
Nie mehr glücklich leben
Immer nur in allerhöchster Not

Und die Polizistin sah ihr tief ins Gesicht
Schaut´ in ihre Seele
Nein, sie fand den Menschen nicht
Manche sterben plötzlich
Einfach vor der Zeit!
Manche Frauen morden,
wenn die Worte weit!

Wieder dieses Schweigen,
dieser hoffnungslose Blick
Wer bringt dieser Frau
irgendein Vertrauen je zurück?
Alles scheint gestorben
Zäh die letzte Atemluft
Dort am Ende aller Leben
bleibt nur eine schwarze Höllengruft

Dann ist es zu Ende, dieses Mords-Verhör
Man schickt sie in die Zelle
Und das fällt so ungeheuer schwer
Ja, die Polizistin sah ihr tief ins Angesicht
Hat sie wohl verstanden
Und sie weinte
Und mehr war da nicht

Schicksal

Er ging den weiten Weg hinaus
Es war ein neblig, trüber Tag
Der Morgen sah wie jeder aus
Da ging er fort von seinem Haus
Sein Blick so starr und ohne Frag

Ein Regenschauer zog ins Land
Hier draußen, wo sonst keiner lebt
Er hat die Fotos längst verbrannt
Nur Einsamkeit lag überm Land
Für seinen Traum war's längst zu spät

Sein Leben ließ er weit zurück,
in diesem Haus, am stillen Wald
Er suchte nicht mehr nach dem Glück
Und ließ die Hoffnung weit zurück
Und war erst fünfzig Jahre alt

Vor vierzehn Tagen war's genau,
als er hier seinen Sohn verlor
Und wenig später starb die Frau
Es war wohl hier – ja ja, genau,
als seine Seele starb, erfror

Bis dahin schien das Leben gut
Karriere, Geld, ein Haus, ein Boot
Doch irgendwann verlosch die Glut
Mit der Familie liefs nicht gut
Und plötzlich waren alle tot

Er setzte sich auf einen Stein,
hier draußen, auf dem weiten Feld
Warum nur musste das so sein?
Am Schluss ein Kilometerstein!
Am Ende hilft nicht Gut, nicht Geld!

Noch einmal raffte er sich auf
Noch zwei, drei Schritt, irgendwohin
Was für ein allerletzter Lauf!
Warum rafft man sich immer auf?
Und wo liegt aller Lebenssinn?

Es wurde Nacht und er blieb stehn
Ein Blitzschlag nahm ihn mit sich fort
Er konnte nicht mehr weiter gehn
Er blieb nur einfach wortlos stehn,
an diesem trüben schlimmen Ort

Geblieben ist ein Häuflein Staub,
das trieb in die Unendlichkeit
Ein Blitzschlag traf
Es war nicht laut
Von manchem Leben bleibt nur Staub
In jener schwarzen Dunkelheit

Sein Haus ist fort, es steht nicht mehr
Man riss es ab vor kurzer Zeit
Und nur die Steine wiegen schwer
Sein Haus, sein Leben gibt's nicht mehr
Was ist´s, dass nach uns übrigbleibt?

Flucht

Verrückte Stadt
Verhallt mein Schrei nach Liebe
Die Menschen hier,
die geben mir nichts mehr
Ich zieh davon,
in aller Herrgottsfrühe
zum fernen Ort
Der Abschied fällt nicht schwer

Am schroffen Berg,
ein Schneesturm schlägt ins Auge,
bau ich ein Zelt
Ein Bär streicht nah vorbei
Ich atme tief
Wohin ich immer schaue,
wacht Einsamkeit
Sie ist mir einerlei

Die Nacht beginnt
und Kälte zieht ins Herze
Und Sehnsucht sinnt
nach einem andern *„Du"*
Ich ess mein Brot
Mich wärmt nur eine Kerze
Doch irgendwie
komm ich wohl nicht zur Ruh

Mein Licht verlischt
Die Müdigkeit erdrückt mich
an jenem Berg
Der Sturm zog lang vorbei
Gedankenflug
Der Mond scheint unerbittlich
ins Zelt hinein
und leckt die Seele frei

Aus meinem Traum
entsteigt ein fremdes Wesen
So wunderschön
Und mir wird's langsam warm
Mir ist's,
als sei es immer hier gewesen
Ich spüre Glück
Vorbei der alte Gram

Doch bleibt nur kurz
dies sagenhafte Wunder
Es flieht die Nacht
Und fliehen will mein Traum
Er schien so nah
Nie war ein Märchen bunter
Doch blieb in meiner Seel
am Ende doch nur Schaum

Ein neuer Tag
holt mich aus meinem Schlummer
Der Berg ruht stumm
Ich kriech aus meinem Zelt
Die Einsamkeit bringt
Trauer, Tränen, Kummer
Und ich brech auf,
zieh wieder in die Welt

Verweht die Nacht,
zerfallen mit den Träumen
Jenseits des Bergs
erkenn ich plötzlich
Dich
Und meine Spur verweht
schon zwischen kahlen Bäumen
Dort hinterm Berg,
da küss ich Dein Gesicht

Friedensballade

Und als der Hass noch größer wurde,
da zog man wieder in den Krieg
Rot färbte sich die Erd vom Blute
Doch nie erreichte man den Sieg

Und auf dem Schlachtfeld, Aug in Auge,
dort wollte man den letzten Schlag
Es waren Menschen, so vertraute
Es schien der letzte Lebenstag

Und als man schrie:
„Auf auf, zum Kampfe!",
war dort und da man wie erstarrt
Ein Schrei, erstickt im Todeskampfe,
weil keiner es zu glauben wagt

Wo sonst erbleicht die toten Körper,
da stand ein Kind so lieb und zart
Ein Mensch, so klein, ein unversehrter,
zwischen den Lanzen, spitz und hart

Wenn jetzt, oh Gott, ein Schuss ertönte!
Warum, du Kind, stehst du im Weg?
Doch still bliebs nur und keiner stöhnte
Das Kind sang leis ein Weihnachtslied

Da sanken nieder die Gewehre
Das Kind, es sang so lieblich fein
Und leis, ganz leis, durchs ganze Heere,
erhob sich jenes Liedelein

Wo blieb der Hass, wo all das Böse?
Das Schlachtfeld
war kein Schlachtfeld mehr!
Ein Liedchen, ach, kein Kriegsgetöse
Wo kam nur all der Frieden her?

Schon bald lag man sich in den Armen
Es flossen Tränen ohne Zahl
All die, die her zum Sterben kamen,
sie ließen ab von aller Qual

Und als die Feinde Freunde wurden,
da ward das Kind nicht mehr zu sehn
Man hat gesucht es Stund um Stunden
Nur blieb dies Weihnachtslied bestehn

Es zog hinauf bis in den Himmel
Bis weit in die Unendlichkeit
Und lautlos ritt auf prächtgem Schimmel
ein Kind fern in die Dunkelheit

Und als es Heiligabend tönte
vom Kirchturm in der Heimatstadt,
da kehrten heim die vielen Söhne
Die Mütter warn vom Schmerz so matt

Hört drum auf alle Erdenkinder
Denn hier, nur hier lebt unsre Welt!
Schon einmal war so kalt der Winter!
War jene Menschheit fast zerschellt!

Jetzt ist die Zeit der Friedenslieder
Die Kinder kennen jenen Text
Wie auch die Alten, heut und wieder,
ist man so tief und schwer verletzt

Ein letzter Krieg!
Ade Ihr Menschen!
Habt Ihr vergessen viel zu schnell?
Ihr wolltet doch fürs Leben kämpfen!
So viel verblüht, wenn´s nicht mehr hell

Nun ist der Tages Tag gekommen
Wo geht es lang?
Bleibt uns die Angst?
Der Frieden wird sich immer lohnen,
weil du als Mensch von Gott abstammst

Gott wird uns auch den Krieg vergeben
Vor „Ihm" sind Freund und Feinde gleich
„Er" ist der Tod
„Er" ist das Leben
Als Bettler – arm, als Herrscher – reich

Doch, wenn wir „*Ihn*" erkennen wollen,
in fernster Zeit, Unendlichkeit,
so müssen wir die Kinder holen
Ein Kinderlachen gegen Leid

Es geht nicht nur um Krieg und Frieden
Es geht nicht nur um diese Welt
Wir müssen lernen, neu zu lieben
Weil Liebe nur den Mensch erhält

So lernt auf Ewig all die Lieder
So lobt der Weihnacht heilges Licht
Und wo man Krieg will, jetzt und wieder,
hat jedes Kinderlied Gewicht!

Gedanke

Manchmal denkt man,
man hat keine Zeit
Es ist der letzte Tag,
die allerletzte Stunde
Dann schaut man sich um und spürt:
Es ist soweit
Noch ein letztes Wort,
vielleicht, aus meinem Munde

Dann sieht alles anders aus,
was man so sieht
Und man ist traurig
Muss man jetzt gehn?
Und man zählt die Sekunden,
bevor es geschieht
Beginnt man erst jetzt
sich selbst richtig zu verstehn?

Und plötzlich weiß man es!
Ja, man fühlt es genau!
Dies alles ist einmal nur!
Es wird für immer vergehen!
Dann nimmt man ihn auf,
diesen wirklichen Augenblick
Denn „*das*" ist wirklich Leben!

Gern

Gern wär ich noch hier geblieben
Doch der Wind war mir zu rau
Hätt hier gern noch viel geschrieben
Gern wär ich noch hier geblieben
Doch der Himmel schien nicht blau

Gern bin ich nicht fortgegangen
Kannte manchen Weg und Steg
Doch hier rochs so abgehangen
Bin ins ferne Land gegangen,
weil man mich hier nicht versteht

Gern hätt ich mit Euch gesungen
Doch ihr kennt die Töne nicht
Hab hier nicht mein Glück gefunden
Ach, ich hätt so gern gesungen
Aus der Heimat flieht man nicht

Gern wär ich zurückgekommen
Doch bei Euch ist's mir zu kalt
Such vergeblich nach der Sonnen
Wär so gern zurückgekommen
Doch bei Euch fühl ich mich alt

Im Park

Der Tag beginnt
Ein Nebel zieht im Parke
So einsam noch liegt manche Bank am See
Ein Neubeginn
Ich weiß, dass ich es wage,
bevor die Welt versinkt im winterlichen Schnee

Ein Vogel singt
dort drüben in der Linde
Ich glaub, er kennt die stürmisch bunte Zeit
Da wünscht´ ich mir,
dass ich was Neues finde
Und irgendwie fühl ich mich jetzt bereit

In meinem Keller

Hab heute irgendwas gesucht
Und war im Keller, auf der Flucht
Ein riesges Chaos fand ich dort
An jenem schmutzig, dunklen Ort

Da war so vieles aus der Zeit,
in der ich einstmals ohne Leid
Als ich so glücklich, fröhlich war
Als ich mich fühlte wie ein Star

Ich kramte die Erinnerung aus
Hier in diesem alten Haus
All die Geschichten fieln mir ein
Mit Sekt und Bier und Nacht und Wein

Soviel erlebt
Mein Gott, so viel
Mal Ernstes, meistens doch nur Spiel
Doch blieb ich selten mal allein
Ich wünscht, so sollt es wieder sein

Denn alles, was vergessen schien,
was längst verstaubt und schon dahin,
hab ich versteckt, ganz lieb und brav
In diesem dunklen Kellerkaff

All die Gedanken sind ganz nah
Ich hör mich singen, wunderbar
Meine Musik, Mensch, spielt doch noch
Im Keller hier, im dunklen Loch

Und plötzlich wird so vieles klar
Es sollt´ so sein, wies früher war
Nur noch viel besser, noch viel mehr
Das Feuer brennt noch tief in mir

Dies Kribbeln ist noch immer stark
Ich fühl mich jung an diesem Tag
Möcht wieder raus ins Leben schnell
Mich selber spürn aus jedem Quell

Durch Nachtbars ziehn im schwarzen Hemd
Und selten schlau und durchgekämmt
Wieder verrückt sein, schräg und blöd
Das machen, was kein Mensch versteht

Wisch mir die Tränen vom Gesicht
Mensch Junge, du, du musst ans Licht
Ich rück die Brille mir zurecht
Bei mir Keller war´s nicht schlecht

Irgendwas

Du kamst nach Hause, irgendwann
Ich fragte nicht nach dem „*Woher*"
Du warst ein sehr gestresster Mann
Und kamst nach Hause
Irgendwann
Nach Liebe fragtest du nicht mehr

Du legtest dich allein aufs Bett
Und schliefst ganz ohne Worte ein
Du lächeltest nicht einmal nett
Du legtest dich nur auf dein Bett
Mir blieb nur eine Flasche Wein

Ich schaute dich sehr lange an
Du lagst nur da und schienst so fern
Du warst ein sehr gestresster Mann
So lange schaute ich dich an
Wo blieb nur unser Liebesstern

Ich zog mich an und schlich mich fort
Mit meinen Koffern, dick und schwer
Ich wollt nur weg von diesem Ort
Und zog mich an und schlich mich fort
Du kamst mir niemals hinterher

Die S- Bahn fuhr irgendwohin
Zum Eck-Hotel am Schluss der Zeit
Für ein paar Euro durch Berlin
Ein fremder Mann, kein neuer Sinn
Ein Drink allein, das Glück so weit

Erinnerungen sind so schwer
Und nachts ist's kühl in dieser Stadt
Du kamst mir niemals hinterher
Und ich und du
Das wog so schwer
Die Straßen leuchten fremd und matt

Ich

Ich war noch nie aus Holz und Stahl
Ich war voll Sehnsucht allemal
War Tänzer, Träumer, Flieger, Stern
Und hatte stets Absurdes gern

War einsam und vor Hektik blind
War manchmal auch ein dummes Kind
Wollt oftmals wie ein Spieler sein
Und trank so gern vom süßen Wein

So ging´s mal hoch und mal bergab
Mein Leben blieb kein schmaler Pfad
Mal kam das Glück, manchmal das Leid
Und manche heiß durchliebte Zeit

Mein Leben zog durch Hirn und Herz
Zog mich durch Liebe und durch Schmerz
Ich gab nie auf im tiefsten Dreck
Der wusch so oft die Hoffnung weg

Schrie laut mit Tränen im Gesicht
Weil man an so was nicht zerbricht
Vorm Spiegel heb ich meinen Kopf
Das da bin ich!
Ein sturer Tropf!

Nach dir

Als ich ging
war die Straße schmal
Flossen Tränen ohne Zahl
Nahezu
Ohne Ruh
träumte ich wohl immerzu
Lang schien dieses Tal

Einsam war´s
in jener stillen Zeit
Für jedes dunkle Date bereit
Einfach so
Nicht mehr froh
blieb die Hoffnung irgendwo
In jener stillen Zeit

Eines Tags
ward ich wieder stark
Wieder neu der junge Tag
Nahezu
Ohne Ruh
träumte ich nun immerzu
Von dem, was vor mir lag

Nach Hause

Es ist Sommer in der Stadt
Denk an Euch die ganze Zeit
Ob ihr´s schön und ruhig habt
Heut, an diesem Sommertag
Ach, ihr seid so weit, so weit

Träume mich ins Elternhaus
Hier, in dieser großen Stadt
Manchmal halt ich´s kaum noch aus
Möchte fliehen, will nach Haus
Weil ich so viel Heimweh hab

Denk an all die Feste dort,
an manch gut- und schlechtes Jahr
An so manches böse Wort
Denk an all das Leben dort
So, wie es zu Hause war

Manchmal war ich voller Frust
Wollte weg, nur einfach raus
Hatt auf Heimat keine Lust
Lachte kaum, verdammter Frust!
Dabei war´s doch mein Zuhaus

Jetzt begreif ich immer mehr
Liebe fand ich nur daheim
Sehn mir meine Liebsten her
Ja, ich spür es mehr und mehr
Will im Geist bei Euch nur sein

Es ist Sommer in der Stadt
Denk an Euch die ganze Zeit
Dort, wo´s Heimweh Flügel hat
Träum ich mich aus dieser Stadt
Träum nach Haus mich, das so weit

Nackt

Nackt durch breite Straßen ziehn
Mit der U-Bahn durch Berlin
Mit dir tanzen durch die Nacht
Hast mich um den Schlaf gebracht

Heiße Liebe bis um Vier!
Halt mich fest, du wildes Tier!
Küss mich jetzt, lass mich nicht los!
Nur die Liebe macht uns groß!

Milchkaffee im Café *„BLIX"*
Wenn Du da bist, fehlt mir nix
Komm, heut fliegen wir ans Meer
Du bist da und nichts ist schwer

Poesie

Mit der Kraft nur meines Traums allein
steh ich am Morgen vor dem Tag
Und frag:
Wo sind die schönen Träume
Ich wollte nie allein nur sein
Mit der Kraft der Hoffnung an die Zeit
verberg ich Angst und Tränen mir
Ja hier
erwacht ganz neue Freude
Und ahn,
Du bist nicht mehr so weit

November

Der Sturm treibt Regen übers weite Land
Es ist November und der Winter naht
Ich steh vorm Spiegel
Und ich hab mich nicht erkannt
Es zieht November
durch dies viel zu kalte Land
Und in jene viel zu große Stadt

Ein Alb erscheint mir
in den dunklen Nächten
Es ist November und ich bin allein
Ich träum mein Leben
Und ich hab wohl nichts vollbracht?
Es zieht November
durch die viel zu kalte Nacht
Wollt doch nur einfach wieder glücklich sein

Der Morgen bringt mir eine neue Zeit
Es ist November und mich zieht es fort
Ich pack die Koffer
Und ich fühl mich nicht befreit
Es zieht November
durch die viel zu kalte Zeit
Und es fällt kein einzig kluges Wort

Der Sturm treibt wieder mich
nach Haus zurück
Es ist November, und noch nichts zu spät!
Ich seh die Heimat
Und ich spüre plötzlich Glück
Es brachte der November mich
nach Haus zurück
Dort, wo man mich immer noch versteht

Schmutziger Ort

Irgendwo in dieser Stadt
Dort, wo keiner Namen hat
Fand ich dich am Rand der Zeit
Warst zu *schnellem Sex* bereit
Dort, am Ende aller Zeit
Irgendwo in dieser Stadt

Warfst dir harte Drogen ein
Bloß nichts fühln!
Das muss so sein!
Träume, Liebe gibt's hier nicht
Niemand schaut dir ins Gesicht
Traum und Hoffnung gibt's hier nicht
Selbst das Bier ist selten rein

Tränen netzten deinen Blick
Wolltest Freiheit, nur ein Stück
Irgendwo in dieser Stadt
Wo kein Mensch mehr Namen hat
Bliebst du hungrig, warst nicht satt
Sehnsucht netzte deinen Blick

Als ich ging, bliebst du zurück
Bliebst im Schatten, ohne Glück
Irgendwo im Hinterhaus
stirbt so manche graue Maus
Dort hälts keiner lange aus!
Kann man leben ohne Glück?

Und schon bald fuhr ich nach Haus
Hier sieht alles anders aus
Trank den Sekt, so gegen Vier
War doch noch so nah bei dir
Schloss die dicke Eingangstür
Weit entfernt vom Hinterhaus

Suche

Suche nach dem *„Irgendwas"*
In manch neuer, alter Zeit
War es Liebe, war es Hass?
War's am End ein kleiner Spaß?
Waren wir für uns bereit?

Suche nach dem fernen Ort
Regen- oder Sommertag
Wo nur ist Dein liebes Wort?
Fern liegt jener ferne Ort,
wo mit Dir am Strand ich lag

Suche nach dem guten Traum
Jenseits dieser schönsten Zeit
Hoffnungen im leeren Raum
Du bist hier in meinem Traum
Hab mich längst noch nicht befreit

Träume

Träume sind wie kleine Bojen
Schwimmen auf dem Seelenmeer
Liegen wie in weichen Kojen
Immerfort, und gar nicht schwer

Sind wie Kinder, die noch suchen
Nach manch hastig, tollem Spiel
Wollen sprießen und nie fluchen
Streben stets nach einem Ziel

Doch sie rinnen fort am Morgen
Sind vorbei und nicht mehr da
Sind vielleicht noch nicht gestorben
Doch du weißt, sie sind nicht wahr

Wir

Wir sind nur Blumen, die am Wege blühen
Zuerst als Körnchen,
klein und in der Erde noch
Brauchen wir Wasser, Dung und etwas Mut-
Zum Weiterwachsen in der Mutter drin

Und all die Liebe und die Wärme auch
lässt uns erstarken und viel Gutes tanken
Doch blühen wir noch nicht und träumen,
bestimmt bald groß zu sein
und aus der Erde strebend

Sind wir dann irgendwann bereit
zum Aufbruch aus der Muttererde Schoß
Um zu verlassen diese gute Sicherheit,
den Himmel zu entdecken,
der doch so weit entfernt

Uns zu entfalten in endlos aufstrebender Zeit
In unsrer Pracht und Schönheit,
viel gefächert
Und knospenreich,
die Blüten balde platzend,
im Regen aufzublühen
Und in der Mitte unsres Seins

die Welt zu sehen und zu spüren
Und die Sonne auch
Dem Sturm, der uns zerbrechen will,
widerstrebend,
nun viele Sprosse tragend
und Keimlinge dem Winde
anvertrauend, weise und klug die Kälte bald
begrüßend,

so wird der Winter kommen,
und wir werden alt
Die Farbenpracht vergeht,
die Kraft lässt nach
Und alle Blüten fallen
und dem welken Blatte gleich
nun der Abschied naht von dieser Welt
und von der Erde

Wir waren Blumen nur,
die irgendwo so zahllos
und doch bereichernd
alles Glück der Welt vereinen
Und wenn der Schnee liegt
auf den toten Stielen,
so wächst ganz unten in der Erd
ein neues Leben

Worte

Du schwärmst von Orten, anderswo
Du sprichst von Disziplin, und so
Du träumst dein Leben dir zurecht
Doch irgendwie ist gar nichts echt
Du fühlst dich schlecht und gar nicht froh

Du redest dir die Tage schön
Du willst nicht hier sein, du willst gehn
Schon lange bist du nicht mehr du
Und nachts kommst du nicht mehr zur Ruh
Du willst hier gar nichts mehr verstehn

Und wie du redest, träumst und klagst,
und nichts mehr tust und nichts mehr wagst,
vergeht die Zeit und du wirst alt
Der Sommer geht und bald ist's kalt
Weil du dein Leben stets vertagst

Bald liegst du flach, dem Tode nah
Und träumst von dem, was niemals war
Dann bleibt dir wirklich keine Zeit
Mit Sprüchen hast du sie vergeigt
Drum lebe jetzt!
Mit Haut und Haar!

Wünsche

Wünsche in der heißen Nacht
Regen fällt auf den Asphalt
Du hast mich nur angelacht
Bist verschwunden
Gegen Acht
Und der Wind weht nass und kalt

Träume mich in Deinen Arm
Irgendwie treibts mich zu Dir
Und im Herzen wird's mir warm
Wo nur bleibt Dein starker Arm
In mir spür ich Lust und Gier

Ja, ich werd Dich wieder sehn
Dort, in jener großen Stadt
Wenn wir tanzen durch Berlin,
wird das Glück die Angst verwehn
Weil ich doch noch Hoffnung hab

Advent

Glockenklang und leises Singen
Endlich kommt die Weihnachtszeit
Weihnachtsmarkt will Freude bringen
Christkind ist jetzt nicht mehr weit

Die Adventszeit lässt mich hoffen,
was die Weihnacht bringen mag
Manche Tür steht nicht mehr offen
Heimlichkeit vorm Weihnachtstag

Schneegestöber, dunkle Wälder
Irgendwo ein Weihnachtsbaum
Sterne leuchten plötzlich heller
Wunderschöner Weihnachtstraum

Am Meer

Der Abend kommt, mich zieht's ans Meer
Ich sehn mir alles Schöne her
Hier kann ich vieles klarer sehn
Und weiß, das Meer wird mich verstehn

So viele Dinge tun sich auf
an diesem Strand, ich nehms in Kauf
Hier wo die Sonne untergeht,
Hier, wo ein raues Lüftchen weht

Dann träum ich mir die Sorgen fort
An diesem magisch, guten Ort
Ich fühl mich nicht mehr so allein
Am Meer möcht ich wohl immer sein

Ganz sicher war's nicht immer leicht,
Oft hat es nicht ganz ausgereicht
Dann stand ich trotzdem wieder auf
und sah nach vorn und pfiff darauf

Mit meinem Stolz und festem Blick
stemm ich mich gegen Ungeschick
Und lass das Böse hinter mir
Ich hab noch meinen Traum in mir

Ganz tief im Herz ein Feuer brennt
Es ist so stark und mir nicht fremd
Es ist ein Lied und ein Gedicht
Es spendet Leben mir und Licht

Und meine Tränen, die so heiß
Ja selbst mein Lachen,
laut und leis
Die Liebe auch zum Heimathaus
All das bin ich, das macht mich aus

Ich weiß, in mir steckt so viel Kraft
Im Leben hab´ ich viel geschafft
Dies Auf- und Ab hat mich geprägt,
Und neue Zuversicht gesät

Ja, viele Jahre sind vorbei
Bin nicht mehr jung
Doch einerlei!
Die Hoffnung treibt mich durch die Zeit,
vorbei an Tränen, Frust und Leid

Nun ist es Nacht
Ich bin noch hier
Ich brauche Dich, Du kluges Meer
Ich sitz am Strand und hör dir zu,
und träum mit dir, genieß die Ruh

Sag mir

Sag mir, warum hilfst Du nicht?
Lieber Gott im Himmelzelt
Schau mir doch mal ins Gesicht
Sag, warum hilfst Du mir nicht?
Es ist kalt auf Deiner Welt

Sag mir, warum sprichst Du nicht?
Lieber Gott, dort, irgendwo
Spende doch mal Trost und Licht
Sag, warum nur sprichst Du nicht?
Bin so einsam und nicht froh

Sag mir, warum bleibst Du fort?
Lieber Gott, Du großer Mann
Hörst Du nicht mein fragend' Wort?
Sag, warum nur bleibst Du fort?
Ich zerbreche irgendwann!

Sag mir, gibt's Dich überhaupt?
Lieber Gott! Bist Du Prophet?
Bist Du leise oder laut?
Scheinst doch irgendwie vertraut
Kennst Du meinen rechten Weg?

Sag mir, wann kommt meine Zeit?
Lieber Gott, Du bist so fern
Überall scheint Dunkelheit
Sag, wann kommt mal meine Zeit?
Plötzlich strahlt ein heller Stern

Bakers Point

Geh nach *"Bakers Point"* mit mir!
Dieser Ort im fernen Land
hat die Gier in mir entbrannt
Gib mir deine heiße Hand!
Küss mich jetzt, du wildes Tier!

Spür jetzt in der lauen Nacht
meinen nackten kühlen Leib!
Lass uns fliehen vor der Zeit!
„Bakers Point" scheint gar nicht weit
Dort, wo alles Glück erdacht

Bei Dir

Bei Dir bin ich wohl immer gern
Auf diesem weit entfernten Stern
In meinem Traum ist's gar nicht weit
Von Abschieden schon längst befreit
So nah am Herz und doch so fern

In jeder Nacht komm ich zu dir
an diesen Ort – bis früh um *Vier*
Wo die Gedanken zeitlos sind
Wo ich geblieben noch ein Kind
Erinnerungen ziehn in mir

Besuch

Wenn der Oktober geht,
dann hab´ ich Sehnsucht
Sehnsucht nach der Heimat
Die viel zu weit entfernt vom Jetzt,
so fern von allem Treiben liegt
Dann geh ich durch die Straßen dieser Stadt,
die ich so lange nicht gesehen hab
Und die Menschen schauen mich an
Wer ist der Mann?
Und ich schau in die zahllosen Gesichter
Wer ist der Mann?
Und jede Straße scheint mir so vertraut
Mir scheint, ich war nie fort
Ich wünscht es manchmal so
Und muss doch wieder gehn
Und der kühle Herbstwind
zieht durch meine Seele
Plötzlich sehe ich ein Kind
in einer Seitenstraße
Es lacht mich an
Auch ich hab hier gelacht, gespielt, geweint
Damals
In der Dämmerung gehe ich die alten Wege
Ich kenn sie noch
Vor der alten Schule wieder diese
merkwürdige Angst, wie damals
Ein kleines, wackliges Gebäude, jetzt
Ich schau mich um
Suche nach vertrauten Gesichtern
Da sind so viele Jahre zwischen uns

Du jetzt so kleine Welt, die ich so liebte, hasste,
brauchte
Ich war doch glücklich einst in deinen Armen
Erinnerungen sind ganz nah
Der kindlich schöne Weihnachtsglanz
Und Mutter versteckte die Geschenke
Wir hatten noch echte Kerzen am Baum
Noch heute lieb ich meinen
Weihnachtsbaum
Träum oft von ihm und wünscht,
er wäre bei mir
Ich wünschte mir, er sollt mir helfen
durch all die schwere Zeit
Oh Heimatstadt
Vertraute Kirche
Dort sangen wir die Weihnachtslieder,
so unbeschwert
Und jenen längst vergangenen Tag
Ich spür ihn noch, er ist so nah
Alles ist so nah, hier in meiner Stadt
Und ich bin doch so fremd
Ich schließe den Kragen von meinem Hemd
Und auch vom Mantel, der mich wärmt
Trotzdem ist mir kalt
In meiner Stadt – ich bin hier fremd, jetzt
Und muss nun fort
Ade du Zauberwald, du märchenhafter Ort
Geschichtsbuch meiner Seele
Ein heißer Tee für meine rau geweinte Kehle
an jener Bude dort im Park
Die Dämmerung verklärt den Blick,
verklärt die alte Stadt

Könnt ich hier noch mal sein?
Für ein paar Stunden war ich wieder klein!
Ein leiser Regen fällt
Und Schnee
Ob ich dich wohl noch mal wiederseh?
Du, meine kleine Heimatstadt?
Mein Auto braust davon, in eine andre Welt!
Die Kindheit, sie entschwindet!
Und alle Freuden, Ängste, von damals,
zerfließen in der schwarzen Nacht
Und schnell verschwinden
die wenigen Lichtpunkte im *Nirgendwo*
Bald bin ich weit entfernt von jener Stadt,
die niemand kennt und niemand findet
Wo keiner etwas von mir weiß
Mir bleibt nur eine kleine Ausfahrt an der Autobahn

Dämmern

Es dämmert schon
Ein Duft zieht um mein Häuschen
An diesem Ort
zieht Müdigkeit nun ein
Ich schau mich um
Da piepst ein winzig´ Mäuschen
Und irgendwie
fühl ich mich sehr allein

Ein greller Blitz
Es wird mir immer schwüler
Und Regen wäscht
die Fenster wieder klar
Da wünscht´ ich mir,
es wäre etwas kühler
Doch nichts bleibt so,
wies vorher einmal war

Der Sommer naht
Ich spür schon jetzt die Hitze,
die in so mancher Stund
den Atem mir fast nahm
Da ist auch Angst
Sie kriecht durch manche Ritze
Und reibt sich voller Lust
an meiner Seele wund

So will ich ziehn
in kühlere Gefilde
Wo manches nicht
so heiß gegessen wird
Ich mag sie nicht die Angst,
die immer wilde
Such nach der Ruh
Und such auch mein Gesicht

Es dämmert lang
Die Nacht wird gleich beginnen
Kein Regen mehr
Und auch kein greller Blitz
Ich weiß genau:
Die Angst wird bald verrinnen
Der Sommer kommt
Und auch so mancher Witz

Die Angestellte

Es war ein Morgen, irgendwann
Der Kaffee schmeckte schlecht, so schlecht
Noch schnell ein Küsschen für den Mann
An diesem Morgen, irgendwann
Sie macht' es allen immer recht

An jenem Tag, als Regen fiel,
war's trübe noch und seltsam lau
Ihr Job war hart, kein leichtes Spiel
Der Tag war grau und Regen fiel
Sie war 'ne starke schwache Frau

Sie sah das Elend *vis-a-vis*
Und mancher Fall wog tonnenschwer
Sie hielt es durch, wohl irgendwie
Sie sah manch Trauer *vis-a-vis*
Doch auch sie selbst schien müd und leer

Vorm Spiegel in der Pause dann,
da sah sie sich und weinte leis
Ein Handyklingeln
Wohl der Mann
Vorm Spiegel jetzt, minutenlang
Und irgendwo zerschmolz das Eis

Was, wenn sie einfach wortlos ging?
Dorthin, wo alles Glück vielleicht?
Dorthin, wo aller Segen hing?
Wer fragt, wenn sie jetzt einfach ging?
Ob's für das Leben dann noch reicht?

Sie schloss die Augen, hielt sich fest
Sie wankte hin und wieder her
Was, wenn man sich mal treiben lässt?
Sie hielt am Waschbecken sich fest!
Im Leben geht so manches *quer*

Was für ein schöner ferner Traum
Sie wischte sich die Tränen fort
Mit Seife und mit reichlich Schaum
wusch sie sich ab, den großen Traum
Man rief nach ihr, mit lautem Wort

Und lächelnd lief sie schnell zurück
Ein neuer Kunde wollte Rat
Wo liegt des Lebens größtes Glück?
Sie lief nur ins Büro zurück
Und tat, was sie sonst immer tat

Sie sagte *„Ja"*
Sie sagte *„Nein"*
Der Arbeitstag ging schnell vorbei
So musste es wohl immer sein:
Ein Leben zwischen Ja und Nein
Ihr Mann kam heim, so gegen 3

Die Fee

Von fern spielt eine Melodie
Und irgendwo, da sah ich sie
Ein Zauber drang ins Herze mir
Am Weihnachtsabend, gegen Vier

Vom Schnee verweht ihr Angesicht
Sie tanzte leicht im Kerzenlicht
Ihr weißes Kleid
Ein Sternenmeer
Und Glück und Friede um uns her

So leicht erschien mir da die Welt
Ganz ohne Leid und Hass und Geld
Ihr Lächeln schien fern aller Zeit
Mein Aug von Tränen längt befreit

Sie flog davon
Sie blieb nicht hier
Am Weihnachtsabend, gegen Vier
So etwas Schönes sah ich nie
Mir blieb die ferne Melodie

Er

Er war ein großer, starker Held
Er hatte Ruhm, Erfolg und Geld
Er hatte eine Frau, so schön
Man hat ihn selten lachen sehn
Er liebte nicht die schöne Welt

Die Nachricht kam tief in der Nacht
Er hat sich plötzlich umgebracht
Ein Bahndamm, irgendwo am Wald
Da war es einsam, trist und kalt
Und Regen fiel in jener Nacht

So viele Menschen kannten ihn
Er hatte eine Frau, so schön
Er war ein Star, er sah gut aus
Er hatte auch ein großes Haus
Und sah im Leben keinen Sinn

Der Bahndamm liegt so schweigend da
Es regnet nur, wies öfter war
Er hatte Kinder, hübsch und schön
Man hat ihn selten lachen sehn
Er war ein junger, großer Star

Kühle

Es war im Frühling,
als ich dich hier gefunden
Am weißen Strand,
da hab ich dich geküsst
Vorbei die Einsamkeit
und alle trüben Stunden
Vorbei die Trauer, die tränenreich und trist

Es zog der Sommer ein
in unsre wilden Herzen
Am weißen Strand,
da träumten wir vom Glück
Auf unsrer Sandburg
erstrahlten hell die Kerzen
Du brachtest mir die allerbeste Zeit zurück

Es kam der Herbst mit Stürmen,
Streit und Regen
Und hat die Sandburg
und die Kerzen fortgeweht
Da starb die Hoffnung auf ein
schönes neues Leben
Denn Du gingst fort
Für uns war´s längst zu spät

Es lag der Winter auf der traurig-
müden Seele
Der weiße Strand schien weißer
wie niemals zuvor
Und als vom Frühling
ich der *Möwe* was erzählte,
vergaß ich bald,
dass ich dich hier verlor

Erkenntnis

Manche Erkenntnis ist nicht schön
Denn Du bist stur und willst sie nicht
Dann willst Du bleiben und nicht gehn
So manch Erkenntnis ist nicht schön
Du fühlst Dich wohl im Kerzenlicht

Und doch spürst Du den Stich im Herz
Du weißt genau, Dein Weg ist weit
Bleib jetzt nicht stehn, trotz allem Schmerz
Du spürst genau den Stich im Herz
Denn immer weiter läuft die Zeit

Du hast Dich hier schon eingelebt
Es ist bequem und Du bist satt
Du weißt, es ist noch nicht zu spät
Obwohl Du Dich schon eingelebt,
wirst Du bald ziehen aus der Stadt

Und eines Morgens, irgendwann,
weißt Du genau, es ist soweit
Du ziehst die Jacke wortlos an
An jenem Morgen, irgendwann
Und ziehst hinaus, fühlst Dich befreit

Du wirst ganz neue Wege gehn
So viele Menschen tun Dir's gleich
Sie ziehen fort, um zu verstehn
Auch Du wirst neue Wege gehn
Deine Erkenntnis macht Dich reich

Der Schauspieler

Er hatte einfach nur gelacht
Der Schauspieler im *letzten* Akt
Er sah uns an und hat gelacht
Woran nur hatte er gedacht?
Der Schauspieler im *letzten* Akt

Er spielte so unsagbar gut
Der Schauspieler gab alles hin
Er weinte auch und zeigte Wut
Ging es ihm wirklich immer gut?
Der Schauspieler gab sich nur hin

Am Ende ging der Vorhang zu
Der Schauspieler schminkte sich ab
Er wollte jetzt nur seine Ruh
Der Vorhang ging für heute zu
Es war ein wirklich guter Tag

Dann ging er heim, tief in der Nacht
Die Frau, die Kinder schliefen schon
Ein Kuss für alle, nur ganz sacht
Denn es war still und es war Nacht,
fernab vom Bühnenmikrofon

Und als er träumte, selbst sich sah,
da spürte er auch Einsamkeit
Wer er im Spiel auch immer war,
er blieb allein dort, unnahbar
Und Frau und Leben schienen weit

Er brauchte den Theaterschein
Die Kinder hatten ihn vermisst
Er wollte jemand anders sein
Ein Leben zwischen Schein und Sein
Er hat die Frau nur sacht´ geküsst

Am nächsten Morgen gegen Acht
ging er zur Probe für sein Stück
Er hat „*Adieu*" nur leis gesagt
Ging ins Theater gegen *Acht*
Denn dort, nur dort fand er sein Glück

Er hatte wieder gut gespielt
Der Schauspieler im letzten Akt
Ob er sich wirklich wohl gefühlt?
Wer weiß das schon?
Er hat gespielt!
Ein Schauspieler im *letzten* Akt

Mein Weg

Irgendwo auf meinem Weg
frag ich mich, wo steh ich jetzt?
Weiß nicht, wies wohl weitergeht
Irgendwo auf meinem Weg
Halt ich durch? Bin ich verletzt?

Seh die Kind- und Jugendzeit
Mann, war ich da dumm und schwach
Dann die Lehre – manches Leid
Bis zum Mann unendlich weit
Sturheit brachte Streit und Krach

Viele Pleiten, Tränen auch
Alkohol und Einsamkeit
Manchmal stand ich auf dem Schlauch
Hass und Liebe, ja, das auch!
Trotz vielleicht? Besessenheit?

Auf der Jagd, und selbst doch Ziel
Blind vor Eifersucht und Hass
Manchmal war´s ein großes Spiel
Schoss daneben, nicht ins Ziel
Fand nicht immer meinen Spaß

Mal ging´s runter, mal ging´s rauf
Berg- und Tal Bahn
Immerfort!
Nie gab ich die Träume auf
Runter ging´s, und auch bergauf
Meine Seel
Kein kluger Ort!

So wird's immer weiter gehn
Bin ein Clown, der niemals ruht
Irgendwann die Welt verstehn
Und die Zeit, sie wird vergehn
Niemals stockt mein wildes Blut

Irgendwo auf meinem Weg
Frag ich mich: *Wo geht's noch hin?*
Weiß nur, dass es weitergeht
Irgendwie auf meinem Weg
Auf der Suche nach dem Sinn

Mona Lisa

Was für ein göttliches Gesicht
So wunderschön
Ich kann mich gar nicht satter sehn
Und dieses Lächeln,
welch wundervoller Schein
Dies kann fürwahr ein Traum nur sein

Mir ist, als sei im Himmel ich
So meisterlich
Dies ganze unbeschreiblich Wesen
Nein, etwas Schöneres gibt's wohl nicht
Dies zauberhafte Angesicht

Bleibt mir vielleicht für immer
In den Träumen
Und auf die Knie sink ich vor Dir
Am Ende allen Seins mit Dir
Und jenseits doch
Ein märchenhafter Schimmer

Manchmal

Manchmal ist die Welt nicht schön
Niemand darf dich weinen sehn
Willst nur stark sein wie ein Baum
Bleibst doch fern von jedem Traum

Schlägst dich durch, willst hoch hinaus
Lachst nur schrill- und andre aus
Doch im Bett des Nachts um *Drei*
Ist's mit deinem Mut vorbei

Kannst nicht schlafen, du hast Angst,
weil du nicht mehr weinen kannst
Und dein Herz schlägt viel zu schnell
Es ist dunkel, gar nicht hell

Irgendwann, du glaubst es nicht,
flackert arg dein Lebenslicht
Du fällst um, ganz einfach so,
in der Firma, irgendwo

Keiner fragt dich, wie dir's geht
Doch du ahnst, es ist zu spät
Längst hat man dich schon ersetzt
Keiner fragt, ob du verletzt

Schwach liegst du im Krankenbett
Keiner kommt und lächelt nett
Schmerzen hast du, auch im Kopf
Fühlst dich wie ein armer Tropf

Plötzlich spürst du eine Kraft,
Fühlst ganz neuen Lebenssaft
Alle Trauer weicht von dir
Sonnenlicht fällt durch die Tür

Du stehst auf, schaust nicht zurück
Gehst nach vorn, ins Lebensglück
Und du drehst dich wild im Tanz,
weil du wieder weinen kannst

Für einen Star

Ein Film, ein Mensch, ein *Angesicht*
Sie ist ein Star und sieht gut aus
Sie scheint so stolz und steht im Licht
Sie trägt ein Leben im Gesicht
Man kennt sie in fast jedem Haus

Sie lacht und weint – ihr Film ist gut
Ich seh sie gern zu jeder Zeit
Und wenn sie spielt mit heißem Blut,
fühlt sich auch meine Seele gut
Ihr Spiel hat mich schon oft befreit

Doch wenn sie dann nach Hause geht,
so fern von Film und Bühnenschau,
wer fragt, ob man sie dort versteht?
Wer sagt ihr, wies wohl weitergeht?
Ist sie zu Haus noch stark und schlau?

Vielleicht rinnt in so mancher Stund
ein Tränenmeer ins Taschentuch?
Vielleicht liegt auch die Seel mal wund?
Vielleicht läuft manchmal gar nichts rund?
Erreicht auch sie manch bittrer Fluch?

Ich weiß es nicht und freu mich sehr
Denn sie ist da und spielt für mich
Manch Schweres scheint nur halb so schwer
Sie ist ein Star
Ich freu mich sehr
Ein Film, ein Mensch, ein *Angesicht*

Resignation

Mein Leben brachte mir kein Glück
S´ ging abwärts nur, so Stück um Stück
Und Asche rinnt mir durch die Hand
Mein Leben scheint längst abgebrannt

Die Träume waren groß, so groß
Einst fruchtete ein kleiner Spross
Da träumte ich vom klugen Weg
Dass es vielleicht mal aufwärtsgeht

Ich kam sogar schon ziemlich weit
Ganz kurz sah ich ´ne bessre Zeit
Doch fiel mein Schicksal tief ins Loch
Und kroch auch niemals wieder hoch

Was ich vor Jahren aufgebaut
hat mir der Teufel längst versaut
Der liebe Gott ließ mich im Stich
Nie sah ich ihn, und sein Gesicht

Allein und einsam sitz ich nun
auf meinem Sofa blöd herum
Ganz ohne Kraft und ohne Geld
bleibt draußen alle schöne Welt

Was nutzte mir mein wacher Sinn?
Er brachte keinen Reingewinn!
Was nutzte alles schlaue Wort?
Das trug schon lang das Böse fort!

Ich wollte mal ganz hoch hinaus
Und blieb doch nur 'ne graue Maus
Ein Niemand ohne Glanz und Mut,
der längst ertrank im Selbstbetrug

Der dümmste primitivste Mob
fuhr mit den tollsten Autos fort
Und dümmlich machten die mir klar,
ich wär nur Abfall, nie ein Star

Verbannt bin ich im Höllenschlund
Mich pinkelt nicht mal an ein Hund
Nach all den Niederlagen jetzt
zieh ich zurück mich, arg verletzt

Und warte auf den letzten Tag,
wenn mich der Teufel holen mag
Mein Leben blieb ein Augenschlag,
der angefüllt mit Frust und Klag

So bleibt am End ein Trauersang
Mein Spiegel schwieg
Ein Leben lang
Einst träumte mir vom guten Weg
Doch alles ward vom Wind verweht

Die Partisanin

Ein Grabmal, irgendwo, weit fort
Es ist kein sehr bekannter Ort
Die junge Frau starb hier im Krieg
Ihr Grabstein nur als Mahnung blieb

Sie war noch jung und sie war schön
Doch musste sie so früh schon gehn
Im Kugelhagel, dort am Feld,
hat sie gekämpft für unsre Welt

In einem Himmelsbataillon,
da rächte sie manch toten Sohn
Sie setzte Mut und Leben ein
Und wollt doch nie Soldatin sein

Die Schüsse sind längst schon verhallt
Und damals war´s in Russland kalt
So viele blieben irgendwo
Im Vaterland
Im Nirgendwo

Ich schau den Grabstein lange an
Hat einst getrauert hier ein Mann?
Hat irgendwo im Taiga-Wind
geweint die Mutter um ihr Kind?

Erfahren wird das keiner mehr
Nur die Geschichte wiegt so schwer
Und schweigend leg ich Blumen ab
An diesem einsam, fernen Grab

All jene Frauen in der Erd,
sie klagen an, vom Blut beschwert!
Nein, niemals ist die Schuld vorbei!
Ich fühl mich schlecht, doch ich bin frei!

So zieh voll Trauer ich nun fort
Von diesem unbekannten Ort
Die Partisanin starb im Krieg
Ihr Grabstein mir als Mahnung blieb

Zeit

Die Zeit lässt manchmal uns zurück
Sie schlägt uns nieder, gnadenlos
Doch geht sie weiter Stück um Stück
Und manchmal lässt sie uns zurück
Und trägt uns doch in ihrem Schoß

Sie klärt nicht auf und ordnet nicht
Sie trennt so viele einfach so
Sie schaut nur zu, wenn was zerbricht
Ist gnadenlos und rettet nicht
Sie macht uns traurig und auch froh

Doch ist sie auch der Ruhe gleich
Und lässt uns Raum zum Neubeginn
Durch sie sind manche Träume reich
Die Zeit bleibt immer wieder gleich
Nur wir verleihen ihr den Sinn

Sie gibt uns eine neue Chance
Denn sie ist da und bleibt nie stehn
Sie gibt dem Leben die Balance,
Wir brauchen alle eine Chance
Die Zeit lässt Altes bald vergehn

So freu ich mich als Kind der Zeit,
dass ich es selbst entscheiden kann
Ich zieh durch Glück und auch durch Leid
Und zieh gelassen durch die Zeit
Ich pack mein Leben, irgendwann!

Im Wald

Erinnerung an alte Zeiten
Irgendwo im tiefen Wald
Wollt mit dir zusammenbleiben
Doch die Liebe wurde kalt

Konnte dich nicht länger halten
Du gingst fort aus dieser Stadt
Und ich spür den Wind, den kalten
Weil ich nichts zum Wärmen hab

Hier im Wald ist so viel Ruhe
Ahn dich hinter jedem Baum
Schmutzbeschwert sind meine Schuhe
Schmutzbeschwert scheint mancher Traum

Hintern Busch ein wilder Eber
Selbst dies Schwein will nichts von mir
Bis zu ihm sind´s nur drei Meter
Endlos weit ist´s bis zu dir

Auf dem Hochsitz mach ich Pause
Einen Whisky auf uns zwei
Früher gab´s für uns nur Brause
Ohne Pep war´s schnell vorbei

Plötzlich ist es Nacht geworden
Und ich spür die Kälte schon
Nein, ich bin noch nicht gestorben,
auch wenn ich nicht bei dir wohn

Werd dir sicher noch mal schreiben,
weil ganz tief im Herz was blieb
Erinnerung an alte Zeiten
Denn ich hab dich doch noch lieb

Schlaflos

Noch ist es Nacht
Ein Schneesturm lässt mich grüßen
Ich bin schon wach
Die Uhr zeigt Viertel *Drei*
Ich lieg nur da,
wein wieder in die Kissen
Vor lauter Angst
Die Träume sind vorbei

Ich fühl mich schlecht
Der Atem stockt behände
Ich weiß nicht mehr,
wie soll's nur weiter gehn
Ich wünscht es so,
dass ich 'ne Lösung fände
Doch es ist Nacht
Und ich kann nichts verstehn

Da! Ein Geräusch!
Ein Brausen vor dem Fenster!
Ich springe auf,
schau in die Dunkelheit
Ein rotes Licht!
Sind das vielleicht Gespenster?
Bin ich vielleicht
am Ende nicht gescheit?

Doch seh ich bald:
Ein Auto fuhr gen Westen
Verschwindet schnell
im Schneesturm und im Nichts
Wär eine Flucht
nicht auch für mich am besten?
Bin ich nicht schon
am Ende allen Lichts?

Es bleibt mir nur
das Pfeifen jenes Sturmes
Der jagt vorbei
und lässt mich hier zurück
Ist's Dummheit nur?
Die Ohnmacht eines Wurmes?
Bin ich vielleicht
verlassen längst vom Glück?

Ich komm nicht drauf!
Versuchs noch mal mit Schlafen
Und sinke bald
in irgendeinen Traum
Und fern sind sie,
die Bösen und die Braven
Von dieser Nacht
bleibt letztlich doch nur *Schaum*

Weihnachtsgeschichte

Ein Weihnachtsabend gegen *Drei*
Das junge Paar sitzt unterm Baum
Ein kleines Kind ist auch dabei
Es ist an Weihnacht gegen Drei
Was für ein schöner Weihnachtstraum

Gleich gibt's Geschenke reichlich, satt
Das Kind, gespannt, ist voll von Glück
Der Weihnachtsmann kommt in die Stadt
Und bringt Geschenke, reichlich, satt
Und Papa kennt den Weihnachtstrick

Er geht hinaus und lächelt leis
Und sagt noch schnell:
„Gleich ist´s soweit!"
Die Spannung steigt, dem Kind wird's heiß
Der Papa lächelt nur ganz leis
Und so vergeht die Stund, die Zeit

Die Mutter nimmt das Kind zu sich
Und streichelt sacht ihm übers Haar
„Wo bleibt der Papa?", fragt sie sich
Und nimmt das Kind ganz sacht zu sich
Der Weihnachtsmann ist noch nicht da

Der Abend geht, längst schläft das Kind
Es hat nach Papa kurz gefragt
Vorm Hause streicht ein eisig´ Wind
Die Mutter bracht ins Bett das Kind
Und hofft am Fenster voller Klag

Wo bleibt der Papa, wo der Mann?
Warum in dieser Weihnachtsnacht?
Lang schaut im Spiegel sie sich an
Wo bleibt nur unser Weihnachtsmann?
Hat der sich aus dem Staub gemacht?

Am nächsten Morgen klingelts früh
Zwei Polizisten stehn vorm Haus
Sie stelln sich vor und fragen sie
Für manche Nachricht ist's zu früh!
So sieht kein Weihnachtsmorgen aus!

Man fand den Wagen irgendwo,
zerschellt an einer Häuserwand
Da war das Glatteis, einfach so,
in einer Straße, irgendwo
Den Toten man erst morgens fand

Die Polizisten gehen schnell
nach Haus, wo Weihnachtsmusik singt
An jenem Morgen wird's nicht hell
Und mancher Tod kommt eben schnell
Manch Papa nie Geschenke bringt

Das Kind erwacht so gegen *Zehn*
Und fragt nach seinem Papa bald
Die Mutter bleibt im Zimmer stehn
Es ist an Weihnacht, früh um *Zehn*
Und in der Wohnung ist's so kalt

Sie nimmt das Kind in ihren Arm
Und drückt es fest ans Mutterherz
Wolln wir zum Weihnachtsmann jetzt fahrn?
Sie hält das Kind ganz fest im Arm
Und schluckt hinunter ihren Schmerz

Und alle Fragen bleiben fort
Es gibt auch keine Fragen mehr
Wo gestern noch ein schöner Ort,
bleibt aller Weihnachtszauber fort
Der Weihnachtsmann kommt nimmer mehr

Sie steigt ins Auto mit dem Kind
„Komm lass nach Papa uns jetzt schaun"
Es weht nur eisig kalt ein Wind
Sie fährt davon mit ihrem Kind
Auch draußen steht manch Weihnachtsbaum

Man sieht sie rasen übers Land
Es fällt der Schnee so weiß und dicht
Sie nimmt das Kind fest an die Hand
Es ist doch Weihnachten im Land
Die nächste Kurve sieht sie nicht

Dann ward es still
Kein Schnee, kein Wind
Nur einsam steht ein Weihnachtsbaum
Sie stieg ins Auto mit dem Kind
Und wollt zum Weihnachtsmann geschwind
Nur einmal noch den Weihnachtstraum

Und irgendwo zur Weihnachtszeit,
da wartet manches Kind verzückt
auf Papa mit dem Weihnachtskleid
Am Himmel hoch zur Weihnachtszeit
leuchten drei Sterne voller Glück

Insel

Es war die ferne Insel
Im Sommer flog ich hin
Ich hatte schlechte Träume
Und suchte neue Räume
und einen neuen Sinn

Da waren so viel Tränen
und Ärger jeden Tag
So wollt ich einfach fliehen
Zu jener Insel ziehen
Vergessen all die Klag

Die Sonne schien vom Himmel
Der Stand lag menschenleer
Hier wollt ich ewig bleiben
Erleben neue Zeiten
Hier war es leicht, nicht schwer

Lag unterm Regenbogen
Und streifte durch den Wald
Und abends in der Kühle
Fand ich die alte Mühle,
hab dort ein Bild gemalt

Schnell zog er fort, der Ärger
Die Tränen blieben mir,
weil Heimweh zog ins Herze
Im fahlen Licht der Kerze
ward klar, ich bleib nicht hier

Ich bin zurückgegangen
in meine ferne Welt
Mit meinem festen Willen
Konnt ich die Tränen stillen
Erkannte, was jetzt zählt!

Vers

Was auch im Wege steht, überwind es
Denn du bist ein Mensch und weißt,
es wird alles *gut*

Nur du wirst es sein, der etwas ändern kann
Sei nur stark und dir gewiss:
Du wirst es schaffen

Wenn du auch irgendwann mal zweifelst
Geh nach vorn und dreh dich nicht um
Es wird dir gelingen

Und alles wird so, wie du es willst
Sei nur stark und dir gewiss
Du wirst es schaffen

Sehnsucht nach Berlin

Sitz auf einer Bank im Park
Durchs Geäst fällt leis der Schnee
Denk mal wieder lange nach
An Berlin, den Schlachtensee

All die letzte Zeit war schön
Meine Jahre in Berlin
Wiedermal den Alex sehn
Übern Kudamm abends ziehn

Küsste dich im *U-Bahn-Schacht*
Träumte lang am *Tegel-See*
Glück hat mir Berlin gebracht
Heute fällt nur kalter Schnee

Noch n Kaffee an der Spree
Mit der *S-Bahn* nach Bernau
Kühler Sekt im *KaDeWe*
Und noch eine Modenschau

Auf den Fernsehturm bei Nacht
Nein, der Tag reicht hier nicht aus
Durch die Bars bis früh um Acht
Irgendwann mit Dir nach Haus

Abschied an der Autobahn
Noch ein Kuss, ein letzter Blick
Doch sobald ich wieder kann,
komm ich nach Berlin zurück

Träum auf einer Bank im Park
Sehnsucht rieselt durchs Geäst
Mein Berlin, du machst mich stark,
weil du keine Ruh mir lässt

Manchmal vielleicht

Manchmal möcht man's einfach wissen
Schreien in die Welt hinaus
Möcht die Welt, die Sterne küssen
Manchmal möcht man's wirklich wissen,
Einfach rennen aus dem Haus

Manchmal möcht man einfach singen
Irgendwas, ganz laut und schön
Möcht die Welt zum Klingen bringen
Manchmal möcht man Lieder singen
Und nie wieder schweigend gehn

Manchmal möcht man nur noch träumen
Von der Liebe und vom Ruhm
Manchmal will man überschäumen
Und dann möcht man alles träumen
Nur verrückte Dinge tun

Manchmal möcht man einfach leben
Einmal nur der Erste sein
Manchmal möcht man alles geben
Und das große Glück erleben
Freiheit spüren, klar und rein

Manchmal möcht man richtig lieben
Wie im Rausch und Überschwang
Sich ergeben allen Trieben
Manchmal möcht man ewig lieben
Küssen, Kuscheln, nächtelang

Manchmal lebt man in den Träumen
Und die Welt ist ganz weit fort
Schön ist's unter Mandelbäumen
Ja, wir brauchen was zum Träumen
Und den fernen guten Ort

Träne

So manche Träne sieht man nicht
Sie wird geweint nur – *irgendwo*
Sie ist nicht groß, hat kein Gewicht
Man sieht so manche Träne nicht
Doch kommt sie oft, ganz einfach so

Sie zeigt in unsrer starken Welt,
dass man auch schwach ist, klein und dumm
Und wenn sie uns vom Auge fällt,
dann sehn wir anders diese Welt
Sie sagt so viel und bleibt doch stumm

Sie bleibt bei uns ein Leben lang
Sie kennt das Glück und auch das Leid
Egal, ob kerngesund, ob krank,
Sie ist stets da, ein Leben lang
Manch Seele wird durch sie befreit

Nein, ohne Tränen geht es nicht
Sie ist so wichtig, gut und klar
Sie gibt uns erst ein Angesicht
So manche Träne sieht man nicht,
denn sie ist klein und unscheinbar

Heimgang

Mein Sinn stand mir nach *Nord und Süden*
Ich wollte fort, woanders hin
Ich fand hier nicht den stillen Frieden
Mich zog es nur nach *Nord und Süden*
Hier fand ich gar nichts gut und schön

Da zog ich aus in ferne Lande
Und suchte nach dem großen Glück
Und fern am Meer, am weiten Strande
Lag ich im warmen weißen Sande
Und wollte wirklich nie zurück

Doch ewig wollts nicht Sommer bleiben
Der Strand lag einsam wie mein Herz
Da kamen eisig kalte Zeiten
Ich konnt nicht leben, konnt nicht bleiben
Und fuhr zurück, ganz ohne Schmerz

Bald war die Winterzeit vergangen
Und Sonne fiel ins neue Land
Ich fühlt mich nicht mehr unverstanden
Ich bin ins Heimatland gegangen
Wo ich bald neue Hoffnung fand

Regenguss

Ein Regenguss fällt in dein Leben
Ein Regen fällt in deinen Tag
Du schimpfst und fluchst
und willst nicht beten
Doch irgendwann, da trifft es jeden
Und du vergehst in Leid und Klag

Ein Donnerschlag zerreißt die Seele
Ein Donnerschlag zerbricht dein Hirn
So wundgeschrien die trockne Kehle
Dass diese Zeit bloß schnell vergehe
Dass dich die Ängste nicht verwirrn

Ein Blitz zuckt grell in deine Augen
Ein Blitz verbrennt den müden Blick
Fast blind suchst du nach Gottvertrauen
Und willst den Menschen wieder glauben
Doch du bewegst dich nicht ein Stück

Absturz

Vom hohen Ross bist du gefallen
in einen Spalt, der tief und hart
Dir fehlt die Kraft zum Fäuste ballen
Dir fehlt die Kraft zum neuen Start

Von goldnen Ketten, Edelsteinen,
blieb dir doch nichts, als nur du selbst
Und von dem Leben, dem gemeinen,
blieb süßer Schnaps, in dem du schwelgst

Die Träume von der großen Liebe,
zerplatzt bei Sonnenuntergang
Die Zeit der Nacht und dunklen Triebe
verändert dich ein Leben lang

Sturm

Ein Sturm dringt ein in die Gedanken
Er fegt die letzten Tränen fort
Und plötzlich brichst du alle Schranken
Du fühlst dich nicht mehr unverstanden
Brichst auf zu einem neuen Ort

Die Hoffnung birgt stets neues Leben
Geh einfach los, hör auf dein Herz
So vieles kannst du jetzt bewegen
Denn Hoffnung birgt stets neues Leben
Dein Wille treibt dich himmelwärts

Den Wind zu spürn, die Sonne sehen,
dies alles gibt es nicht für Geld
Mensch komm, steh auf, du kannst verstehen
Auch du wirst bald die Sonne sehen
Und kämpfen auch für deine Welt

Ja du bist gut! Weiß um dies Wissen!
Mach deine Träume endlich wahr
Dann wird ein besserer Tag dich grüßen
Denn du bist gut und willst es wissen!
Dein Leben wird ganz wunderbar!

Traum

Auf dem Weg ins Zauberlande,
mit dem Segelboot weit fort
An den weißen fernen Strande
An den unbekannten Ort

Zog ich nachts mit Dir im Traume
Und mein Herz schlug laut, so laut
Dort am Rand von Zeit und Raume
prickelte die nackte Haut

Und wir küssten uns im Winde,
der uns durch die Seele strich
Jene Nacht der großen Sünde
blieb am End doch trügerisch

Ach lass

Ach lass mich atmen jeden Tag
Und lass mich hörn den Glockenschlag
Dass Ruh zieht ein in jedes Haus
Dass alte Geyer fliegen aus

Ach lass mich hoffen auf das Glück,
das kommt beständig Stück um Stück
Dass niemals mehr wir einsam sind
Dass uns jetzt treibt ein frischer Wind

Ach lass mich lieben jene Welt
Dass unser Traum nicht mehr zerfällt
Dass nimmermehr die Ros verblüht
Dass etwas Großes bald geschieht

Ach lass beginnen unsre Zeit
Denn dafür sind wir längst bereit
Bewahre uns vor Leid und Not
Und lass uns unser *Täglich-Brot*

Kalter Winter

Der Winter ist so kalt
Ich sehne mich nach Dir
In dieser Traurigkeit
Allein
Und getrennt von Dir
Bin ich am See
Er ist so kalt
Ich fühle mich nicht wohl
Und ein heftiges Gewitter droht
Es will mich töten
Fremde Gesichter
Sie sind mir unbekannt
Doch kenn ich sie
Von irgendwoher
Schatten in der Fremde
Spuren im Schnee
Mein eigener Herzschlag
Der mich betäubt
Er lässt mich nichts mehr fühlen
Und auch nichts sehen
Bin ich gar blind?
Oder nur stumm?
Zu dumm und blöd für dieses Sein?
Blumen für die Spinner
Und keiner kann es so gut wie ich
Bin ich nicht ehrlich?
Zu Dir?
Zu mir?
Zu allen um mich herum?
Zu wem eigentlich?

Ich lüge nie – und doch immer wieder
Weil ich's nicht anders kann
Ich bin doch klug!
Oder etwa nicht?
Wenn es um mich selber geht
bin ich zu doof!
Es bleiben tausend Fragen
Du gehst mit mir ins Ungewisse
In die Stadt der Angst
Die Stadt der Fremdheit
Du gehst mit mir ins Reich des Alleinseins
Des Fluches
Und der Flucht
In ein Reich der unbezwingbaren Sucht
Doch nur in den Gedanken
Ich torkele und spür sie nicht
Die Seele
Nein, ich bin noch nicht betrunken
Und Drogen sind mir fremd
Ich werd sie niemals nehmen
Es bebt das Meer
Der Ozean
In jener Welt
Der Abgeschriebenen
Ich bin kein neuer Mensch
Ich bin schon alt
Und jung geblieben
Und doch so fern von allen Lüsten oder Trieben
Im Moment
Denn Du bist fort
Und all die Fremden um mich herum
Sind wie Gespenster

Sind ohne Namen
Und ohne Gefühle auch
Mich drängts zur Flucht
In neue Räume
In einen anderen Schoß
Und dann wird auch die Sonne wieder scheinen
Denn in diesem Leben
Kann ich ändern
Und bleibe dennoch
Immer
Ich!

Garten

In meinem Garten
Möcht ich wieder ernten gehn
Wenn reifes Obst herniederfällt
Will ich nimmer warten
Und laue Winde wehn

Im fernen Tale
Da will ich wieder ruhn
Wenn´s Zeit ist und ich leb
Will nah dem Wasserfalle
Die größten Schritte tun

Am wilden Flusse
Will ich unendlich Leben spürn
Wo Neues wechselt schnell
Dir, Welt – und Gott zum Gruße
Will ich mich selbst verführn

Abschied?

Ich steh auf einer Brücke
Gespenster spieln im Fluss
Im Hirn klafft eine Lücke
Die Seel braucht eine Krücke
Im Hirn nur eine Lücke
Ich habe keine Bitte
Und hab auch keinen Gruß

Die Nacht senkt sich hernieder
Ich warte noch auf Irgendwas
So fern die Sommerlieder
Ich schau aufs Wasser nieder
Wann kommt die Hoffnung wieder?
Und jene Sommerlieder?
Und aller Lebensspaß?

Die Uhr schlägt Mitternachte
Und Nebel steigt empor
Die Kälte kommt ganz sachte
Du gingst, eh ich es dachte
Warst fort, als ich erwachte
Jetzt schlägt's nur Mitternachte
Ein Spiel, das ich verlor

So gern wär ich gesprungen
Doch größer schien die Angst
Es ist mir nicht gelungen
Und dort, wo wir gesungen
Mit Herz und aus den Lungen
Da bin ich nicht gesprungen
Ob Du wohl um mich bangst?

Es naht der neue Morgen
Ich schrecke hoch, s ist *Fünf*
Im Schweiße aller Sorgen
Lieg ich bei Dir geborgen
Im weichen Bett verborgen
Und Du lachst ohne Sorgen
Ich hab noch an die Strümpf

Wenn

Wenn Du sagst,
Du liebst mich nicht,
dann bin ich tot
Noch vor der Zeit
Wenn Gott mich will
Der weiß darum
Und wird mich ewig lieben
Und Du?
Du schweigst!
Ein bittres Schweigen!
Einerlei der Zeit!
Und immer wieder so
Du hast mich umgebracht

Wenn Du sagst,
Du magst mich nicht,
stirbt auch die Zeit
Und alles war umsonst
Wo ist nur Gott, sag wo?
Und hilflos starr ich in die Schlucht,
die vor mir schreit
Und schweigt
Wo sind die Jahre meines Lebens?
Sie fallen in die bittre Tiefe
Die sanft und süß
die Ruh mir gibt
Du hast mich umgebracht

Wenn Du sagst,
dass Du nichts sagst,
dann muss ich gehn
von Dir
Ins Land meiner Gedanken
Und Du hast nie gefragt danach
Und ich bin froh
Du konntst mir das nicht rauben
Denn ich geh zu Gott
Den Du nicht kennst
Und in den fernen Bergen
suchst Du nicht nach mir
Das Eis lässt Dich erstarren
Und klar wird Dir
Tot bin ich zwar
Doch bin ich stets bei Dir

Ich bin der Fremde Deiner Seele
Und kenn Dich gut
Weil ich es eben bin
Und doch bin ich's gewesen
Ich bin so weit von Dir
Die Reise durch den Kosmos
bracht mich doch heim zu Dir
Jene Odyssee, die uns geeint
In andrer Dimension
Die Körper schwinden
Ich bin daheim!
Oh Dank Dir, Gott
Ich bin daheim
Und werd es ewig bleiben

Morgen

Wenn die frühen Nebel
Über saftge Wiesen steigen
Und ein erster Sonnenstrahl
Die trüben Augen öffnen will
Möchte auch ich nicht länger
In der dunklen Nacht verweilen
Muss raus ins Leben
Denn ich hab ein gutes Ziel

Doch mag ich niemals
Deinen starken Arm vermissen,
Der mich noch hält
Denn Du liegst schlafend neben mir
Viel lieber würde ich
Deinen schönen Körper küssen
An diesem Morgen
Ich spüre herbe Lust nach Dir

So atme ich noch mal
Den süßen Duft von Deinen Haaren
Spür wie Dein Körper
Langsam nah an meinen kriecht
Und wie Dein Mund sich strafft
Mit sicherem Gebaren
Empfang ich Deine Liebe
Und das junge Sonnenlicht

Bis wir erschöpft
Erneut die müden Augen schließen
Im Traum des Glücks
So nah wie nie vorher
Ein Spatz am Fenster
Pfeift lustig, froh
Er will uns wohl begrüßen
Und in der Ferne rauscht
Das wilde raue Meer

Meins

Die Tage winden sich
durch meine abgewrackte Seele
Ich geh allein
den längst vertrauten Weg im Park
Mein Herze schweigt,
wie meine ausgedörrte Kehle
Jenseits des Glücks
Und meine Wunden schmerzen arg

Da war die Zeit,
als ich noch Hoffnung spürte
Als ich noch jung,
versuchte manches kleine Glück
Als ich mit Illusionen
meinen Lebensweg verzierte
Dumm und verträumt
Und viel zu oft verrückt

So manchen Streit
wollt´ ich mit Mutter führen
Naives Kind,
das niemanden verstand
Zog in die Welt
mit allzu vielen Starallüren
Hielt mich doch fest
an Mutters guter starker Hand

Die Jugend ging
und mit ihr auch mein Lachen
Und auch mein Traum,
der König dieser Welt zu sein
Da stand ich nun
Schwer fiel mir das Erwachen
Fand schwachen Trost
in feuerrotem Erdbeerwein

Ich wollt den Freund,
der meine Ängste kannte
Und schlich mich ein
in manches eisigkalte Herz
Und als ich selbst
an meiner Gier verbrannte,
erkannte ich das erste Mal
den nimmermüden Schmerz

Erinnerungen

Bunte Farben in den
eingeschmolzenen Träumen
meiner Kinderzeit
Ich bin an einem Punkte angekommen,
an welchem ich nicht mehr weiter weiß
Und ich suche einen Rat
in den alten Märchenbüchern
Und ich wünsch mir die Wahrheit
aus den seidenen Zaubertüchern
Und weiß doch längst
Ich bin schon lang zu alt
für diese fernen, fernen Spiele
Teddybären mit den blauen Schleifchen
und der grüne Wasserball
Er schwimmt behänd davon
auf den Wogen meiner kalten Tränen
Ich kann ihn nicht mehr halten
Ach Teddy,
gib mir doch wie früher einen Halt
Aber er schweigt, sie ist eben vorbei,
die Zeit der Feen und der Aschenputtel
Im zerbrochenen Spiegel
wirkt mein Gesicht so müde – oder schwach
Und es wirkt blass
Und ich spür es längst
Ich bin schon lang zu alt
für diese fernen, fernen Spiele
Die alten Kinderlieder,
wo alles noch so rein und klar,
wo ich mal unbeschwert und glücklich war,

sind längst verklungen
in verklärender Unendlichkeit
Die holt mir keiner mehr zurück
Jetzt rennt man wohl nach andren Sachen
Ich habe das Verlieren nicht verlernt
Und in den feuchten Nebeln
Verwunschener morgendlicher Wiesen
seh ich der Liebsten makelloses Antlitz
nimmermehr
Gewesen ist gewesen!
Und ich weiß es längst
Ich bin schon lang zu alt
für diese fernen, fernen Spiele

Frühlingsweise

Wenn am Berg die Veilchen stehen
und erblühen und sich wiegen
in dem lauen Frühlingswind,
werd ich wieder mit Dir ziehen,
durch die Täler, über Höhen,
bis die klare Nacht beginnt

Und am Fluss werd ich Dich küssen
und es sagen und es wissen,
dass Du mich noch immer liebst
Ja, der Morgen wird uns grüßen
nach dem heißen,
nach dem süßen Frühlingsstrom,
der in uns fließt

Zeit

Manchmal denk ich,
ich sei ein Stück Holz,
das da treibt auf dem Wasser
Irgendwo
im nahen Bach am Wald
Und irgendwo
das mächtige Wasser und das schwache Holz
Es treibt und treibt
Und ist wohl ausgeliefert diesem Wasser, überall
Und ist der Bach auch noch so klein,
das Holz muss dienen diesem Lauf
Dem Lauf der Dinge
Dem Lauf des Lebens
Es flieht vielleicht,
von einer leichten Woge abgetrieben,
auch mal ans Ufer, fast
Doch bleibt es immer an der Oberfläche
des Wassers, noch
Und manchmal denk ich,
es geht bald unter,
gnadenlos,
irgendwann
Doch treibt es weiter
ganz einfach so
Vor vielen Jahren,
als ich noch ein Kind,
hab ich ein Holz in jenen Bach geworfen
Und bin mit einem Floß
ihm nachgefahren – irgendwohin,
bis an den Sumpf

Dort ging es nicht mehr weiter
Doch irgendwo,
da findet jedes Holz den Weg
Das Stückchen Holz treibt fort
Und immer weiter
Immer fort
Bis zu dem dicken großen Stein
Es verweilte dort nur kurz
Ich dacht, jetzt geht es unter
Doch treibt es balde,
wie von Geisterhand geschubst,
an jenem Stein vorbei
Ist frei
Und ist so leicht und wird getragen
von diesem Bach,
der wird zum Fluss und mündet bald
ins Meer
Und trifft so viele seiner Brüder
Doch saugt sich's auch voll
Ist nicht mehr leicht
Sinkt irgendwann,
so erdenschwer,
auf einen dunklen Grund
Dann ist es weich
Und es zersetzt sich
Ist plötzlich fort
Und nicht mehr da
Und keiner weiß, dass es mal hier
und fröhlich einst geschwommen
Durch Raum und Zeit
Drum nutzt die Kindertage
und auch die Jugendjahre

und lacht und seid gesund
Zu schnell vergehn die Zeiten
Und schwer und alt
sinkt ihr auf jenen Grund Eures Lebens
Und bleibt dort ruhen,
bis Euer letzter Tag gekommen
Denn Ihr seid, wie alle hier
Es liegt an Euch,
die Zeiten zu erleben
Freut Euch an dieser Welt
Sie ist nur einmal
Und zieht an Euch vorüber
Nehmt sie stets mit
Und lasst sie niemals ziehn
Ihr habt die Chance
als Mensch,
denn ihr seid keine Hölzchen

Das Leben

Das Leben fließt so wie ein Strom
Mal langsam noch, dann wieder schnell
Es fließt nur so, wer fragt da schon
Das Leben ist ein langer Strom
Es ist oft dunkel, selten hell

Es ist nur da und bringt die Zeit,
in der wir sehen und verstehn
Wir fühlen Glück, erleben Leid
Und es vergeht mit aller Zeit
Bis nichts mehr von uns bleibt bestehn

Der Wind fegt über kahles Land,
auf dem es so viel Leben gab
Es liegt oft nicht in unsrer Hand
Es fegt nur Wind über das Land
Und streichelt sacht so manches Grab

Man möcht so gerne ewig sein,
um eins zu werden mit der Welt
Um alt zu werden, wie ein Stein
Ja, manchmal möchte man ewig sein
Niemals verlieren, was man hält

Doch fließt das Leben wie ein Strom
Und bliebt nicht stehen, treibt uns fort
So manches fließt uns da davon
Denn es geht weiter, mit dem Strom
Und bleibt nie ein beständig´ Ort

Geister

Nebelschleier hinterm Haus
Alles sieht so anders aus
Kälte in der Dunkelheit
Bis zum Wald ist´s nicht mehr weit

Da, Gesichter überall
Und ein seltsam dumpfer Knall
Stimmen fliegen durch die Luft
So, als ob mich jemand ruft

Plötzlich schlägt die Kirchturmuhr
Aus der Zauber, Stille nur
Nur die Tanne strahlt im Glanz
Engel, Elfen
Welch ein Tanz

Alte Frau

Sie denkt sehr selten nur an Morgen
Die alte Frau ist ohne Sorgen
Sitzt auf der Bank, vorm Haus, im Tal
Und es ist Frühling
Wiedermal

Im Sommer zieht's die Frau zum Garten
Sie will jetzt nicht mehr länger warten
Die Rosen und die Nelken blühn
Sie will noch mal im Tanz sich drehn

Der Herbst zieht ein, die Blätter fallen
Auch Vogelstimmen kaum noch hallen
Die alte Frau ruht sich nun aus
Und Nebel wabern um ihr Haus

Die alte Frau ist alt geworden
Und jenes Jahr scheint fast gestorben
Der Winter längst am Fenster leckt
Die Bank vorm Haus
Von Schnee bedeckt

Regennacht

Du kamst in jener Regennacht
Aus fernster Ferne, von weither
Du hast mich einfach angelacht
Kamst aus der dunklen Regennacht
Und machtest, dass die Sonn mir lacht
Die Zeiten waren sonst so leer

Du kamst in meine Einsamkeit
Warst einfach da und hieltst mich fest
Um uns nur kalte Dunkelheit
Du kamst in meine Einsamkeit
Und alle Tränen schienen weit
Dein Kleid, vom Regen so durchnässt

Du küsstest mir die Ängste fort
Wir sanken in ein Wolkenmeer
Du küsstest mich und sprachst kein Wort
Du küsstest mir die Trauer fort
An diesem märchenhaften Ort
Du kamst von irgendwo weit her

Der letzte Sommer

Als hell die Sonn erstrahlte,
sah sie ins Himmelblau
Der Tag ihr Lächeln malte
in jener Sonn, die strahlte
Die schöne starke Frau

Mit Schmerzen, kaum erträglich,
ging täglich sie hinaus
Der Sommer war so herrlich
Die Schmerzen unerträglich
So einsam stand ihr Haus

Am See unter den Bäumen
Lag sie so oft und gern
Sie gab sich hin den Träumen
am See, unter den Bäumen,
bis abends kam manch Stern

Ein Herbst zog auf von Norden
mit Stürmen, nass und kalt
Sie ist so sanft gestorben
Es kam ein Herbst von Norden
Sie wurde nicht sehr alt

Es ist so ruhig geworden
im Haus am See, beim Wald
Und wie an jedem Morgen,
wo es so ruhig geworden,
die schönste Sonne strahlt

Von ihr ist nichts geblieben
Und doch scheint sie nicht fort
Ich wollt sie ewig lieben
Doch ist mir nichts geblieben
an diesem schönen Ort

Ich seh noch heut ihr Lachen,
als Sommer war im Land
Und fahr in einem *Nachen*,
so fern von ihrem Lachen,
am Ufer leis entlang

Es war ihr letzter Sommer
Ob sie mich hört und sieht?
Mir scheint der ferne Donner
in jenem letzten Sommer
um Antwort fast bemüht

In Samt und auch in Seide
sang sie so gern vom Glück
So schwebt über der Heide,
in Samt und auch in Seide,
noch heut vom Lied ein Stück

Der Schnee deckt zu die Wipfel
Und kahl liegt Wies und Feld
Und übern steilen Gipfel
fliegt Schnee über die Wipfel
Und ich zieh in die Welt

Manchmal

Wenn du manchmal einsam bist,
manchmal jemanden vermisst,
denk nur dran, da ist noch wer
Nimm die Tage nicht so schwer,
Weil du was Besondres bist

Wisse, Du bist nie allein
Jeder trägt manch schweren Stein
Halt den Kopf nach oben stets
Denn Du bist noch unterwegs
Vor Dir lacht der Sonnenschein

Hürden gibt's zu jeder Zeit
Jeder kennt die Dunkelheit
Doch am Ende kommt das Licht
Manchmal sieht man es noch nicht
Glaub, es ist für Dich bereit!

Einst

Ich war so jung wie Du,
da habe ich zu träumen angefangen
Da bin ich von Zuhause weggegangen
Und hab sehr hoch gespielt

Ich war so jung wie Du,
da hab ich meine Lieder laut gesungen
Da spürt ich frische Luft in meinen Lungen
Und nichts hat mir gefehlt

Ich war so jung wie Du,
da war die Zeit der bunten Luftballone
Erdachte mir so manche Königskrone
Und nah schien jedes Ziel

Ich war so jung wie Du
Jetzt ist es trister kühler Herbst geworden
Und kalter Wind weht um die tauben Ohren
Ich hab zu oft geträumt

Gefühle

Wenn im Norden der Winter beginnt,
geh ich in den Garten
und wart auf den Wind
Was er mir wohl bringt?
Ob's mir heut gelingt?
Vereist liegt mein Garten
Träum süße, mein Kind

Wenn im Süden der Sommer mich lockt,
zieh ich über Felder und schwärme von Gott
Es zieht mich weit fort
Ich reim manches Wort
Die Blumen im Garten
stehn duftend am Ort

Wenn im Westen das Herbstlaub verweht,
sind einsam die Wiesen,
verdorrt Busch und Beet
Das Jahr nun vergeht
Nun ist es zu spät
Verlassen der Garten
Und Regen fällt stet

Am Grab

Der Regen rieselt durch die Äste
Wart auf dem Friedhof ganz allein
Gedanken um des Lebens Reste
stelln kühl in meiner Seel sich ein

Hier ist´s so ruhig, endlose Stille
Nur Regen fällt auf manches Grab
So endgültig, ein letzter Wille?
Hier, wo man nichts zu sagen wagt

Da giert und jagt man durch die Zeiten
Da jammert man und will noch mehr
Und spürt nicht, wie die Jahr´ enteilen,
wie alt man wird und schwach und leer

Die Jugend ist nicht festzuhalten
Der Reichtum nicht und nicht das Gut
Nichts ist auf ewig aufzuhalten,
weil irgendwann erstarrt das Blut

So will ich Einhalt mir gebieten
Denn viel zu schnell komm ich hierher
Sollt´ wieder neu mein Leben lieben
und Lieder singen, *und noch mehr*

Der Regen rieselt durchs Geäste
Und dunkel wird's im Friedhofshain
Was tu ich mit des Lebens Reste?
Schlag hoch den Kragen und geh heim

Frühling

Es riecht nach Frühling wunderschön
Ich will nicht mehr zum Winter sehn
Die Uhr geht vorwärts, nicht zurück
Geh in die Zukunft, Stück für Stück

Ich füll mein Glas mit altem Wein
Denn auch Erinnerung muss sein
Doch allzu viel tut mir nicht gut
Das schadet manch gesundem Blut

Ich zapfe jungen Lebenssaft
Und tank ganz neuen Mut und Kraft
In dieser Welt muss ich bestehn
Nicht sinnlos sollt die Zeit vergehn

Flieger

Ich wollt so gern ein Flieger sein
Dort, irgendwo am Firmament
Nur mit dem Wind alleine sein
Wollt ich so gern ein Flieger sein
Zerreißen mir das alte Hemd

Ich wollt so gern ein Flieger sein
Ja, irgendwo am Himmelszelt
Geblieben sind nur Träumereien
So gern wollt ich ein Flieger sein
Und unter mir die ganze Welt

Ich wollt so gern ein Flieger sein
So hoch über dem blauen Meer
Doch blieb auf Erden ich allein
Ich sollt wohl nie ein Flieger sein
Denn Fliegen war für mich zu schwer

Mein Amerika

Mein liebstes Land: *Amerika*
Ich träum von Dir, so tränenschwer
Von all den Menschen, die ich sah,
blieb nur mein Traum, der sonnenklar
Mein bestes Land: *Amerika*
Und meine Sehnsucht wiegt so schwer

Von Boston bis nach St. Louis
Von Washington bis nach L.A.
Mein Traumland schmeckt so zuckersüß
Mit herber Schönheit, ganz gewiss
Von Boston bis nach St. Louis
Ob ich Dich jemals wiederseh?

Mein Traumland ist *Amerika*
Mit stolzen Städten, Farmen auch
Für mich der allergrößte Star
Mein Wunderland: *Amerika*
Dort, wo die Träume endlich wahr
Wo ich ins neue Leben tauch

An die Eltern

Manchmal gehn die Gedanken
nach Haus, ins gute Heim
Seh all die schönen Jahre
Und manche schlimmen Tage
Wollt wieder Kind dann sein

Als ich mit Mutter rannte
durchs Tal zum Wald am Fluss
Mit Maiglöckchen im Regen
Am Ostseestrand gelegen
Am Abend manchen Kuss

Die längsten Fahrradtouren
vom Berg bis quer durchs Feld
In den Ballon gepustet
Beim Sportfest fast verdurstet
Am Schießstand ohne Geld

Kind bin ich stets geblieben
Die Zeit verging zu schnell
Geträumt bis zu den Sternen
Dann wieder fahrn und schwärmen
im Kettenkarussell

Die wilden Jugendjahre
mit bester Note „Zwei"
Kaum war ich zu belehren
Ich wollt mich ständig wehren
Blieb weg bis nachts um *Drei*

So manches, das ich suchte,
im Streit und auch in Wut,
das wollte ich nie sagen
War froh, dass wir uns hatten
Ihr seid mir beide gut!

Hab oftmals nicht verstanden,
dass Vieles nicht so bleibt
Dann triebs mich in die Fremde
In keine guten Hände
Und wieder starb die Zeit

Bin doch zurückgekommen
in Mutters warmen Schoß
Uns hat so viel verbunden
In jenen schweren Stunden
Dort stand mein weißes Schloss

Hätt ich es nur gesehen,
wie sie verging, die Zeit
Als ich sie dumm verschenkte
Was war's nur, das mich lenkte,
durch all die Dunkelheit?

Ich bin da rausgekommen
Von Euch hab´ ich die Kraft
Doch wiegt so schwer das Alte
Noch oft spür ich die Spalte,
die durch mein Leben klafft

Was ist mir heut geblieben
nach all dem Sturm der Zeit?
Wohl ist's nicht Geld, Karriere!
Vielmehr doch Glück und Ehre!
Ich habe mich befreit

Es ist so schön zu wissen,
dass einsam ich nicht bin
Ihr seid mir stets geblieben
Und als ich's aufgeschrieben,
erkannte ich den Sinn

Denn all das war mein Leben,
das Böse und der Schein,
das Auf und auch das Nieder
So manche Liebeslieder
Und mache Stund beim Wein

Nein, gar nichts will ich missen,
weil all das ich stets war!
Ein Mensch mit seinen Träumen
Nie wollt ich was versäumen
mit Euch, ganz wunderbar

Gejammer

Allein lieg ich auf meiner Couch
Und plötzlich fühl ich mich so schlecht
Das Leben sieht so trübe aus
Ich fühl mich wie 'ne graue Maus
Und irgendwie scheint gar nichts recht

Mein Blick streift übers Mobiliar
So viele Bücher, auch PC
Wann war's, als ich mal glücklich war?
In meinem Kopf ist nichts mehr klar
Mir ist nach Tränen, Ach und Weh

Die Jahre zogen so vorbei
Mal gab's ein Hoch, mal auch ein Tief
Da war so mancher Wunsch dabei
Doch alle Hoffnung brach entzwei
Und viel zu oft lag ich nur schief

Hab auf der Welt so viel gesehn
So manche Leute, dumm und schlau
So mancher Hass wollt nicht vergehn
So vieles konnt ich nicht verstehn
Und die Erinnerung daran ist grau

Sah andre Menschen, die im Glück
Und fühlte mich vergessen schon
Vom Himmel fiel kein goldnes Stück
Ich fiel herein auf manchen Trick
Am Ende gab es keinen Lohn

Auch Krankheit sah ich, Leid und Tod
Und Welten, die so fern vom Glück
So viele litten Hungersnot
Doch aß ich selbst nur frisches Brot
Und hatte manch verklärten Blick

Die Zeit verging – ich schau mich an
Seh viele Fältchen im Gesicht
Ich war wohl nie ein Supermann
Doch hab gekämpft ich – dann und wann
Und sehnte mich nach Luft und Licht

Warum wollt ich so hoch hinaus?
Ich sollt nur Mensch sein, einfach, gut!
Doch immer nur als graue Maus,
das hält man doch nicht lange aus!
Dort oben fehlte mir der Mut

Jetzt lieg ich auf dem Sofa rum
Mein Kopf schmerzt und der Regen fällt
Zu oft hab ich gefragt:
Warum?
Doch blieb ich selbst nur taub und stumm
Und maß die andern oft nach Geld

Vielleicht kommt irgendwann der Tag,
an dem ich spür, ich leb, ich bin!
Wo ich ganz neue Hoffnung hab
Und zu den Sternen fliegen mag
Und Liebe spür als Hauptgewinn

Ich schau zum Fenster, drüben links
Die Sonne lacht mir ins Gesicht
Und weiß:
Mensch Junge, jetzt gelingts!
Hab liebe Freunde!
Ja, so stimmt´s!
Und Jammern gibt's ab heute nicht!

Leuchtturm

Irgendwo in ferner Zeit
blinkt ein Leuchtturm in die Welt
Steht so einsam und befreit
Steht so fern von aller Zeit
Und sein Mauerwerk, es hält!

Hab ihn eines Tags entdeckt
Dort am Ufer, dort am Strand
Fand ihn kaum, weil er versteckt
Hab ihn irgendwann entdeckt
Und ich lief durch weißen Sand

Stand vor ihm und sah sein Licht
Und das Meer rauschte im Wind
Plötzlich sah ich mein Gesicht
Dort im hellen Leuchtturmlicht
Vor mir stand ein frohes Kind

Ja, es lachte und es sang
von dem Leben und vom Glück
Sah das Kind minutenlang
Hörte, wie es fröhlich sang
Und ich sang dies Liedchen mit

Und auf einmal ward mir klar,
dass ich doch noch lachen kann
Hier, wo nie ein Mensch je war,
wurde mir so manches klar
Täglich fängt das Leben an!

Wenn sich etwas ändern muss,
geht es nur, wenn ich es tu!
Denn es ist noch lang nicht Schluss,
weil ich´s selbst jetzt ändern muss!
Denn das Leben gibt nie Ruh

Irgendwo in ferner Zeit
blinkt ein Leuchtturm hell und gut
Steht so einsam und befreit
Jenseits aller Lebenszeit
Gibt mir wieder neuen Mut

Wiedersehen

Nach zwanzig Jahrn sah ich sie wieder
Ich hätt sie beinah nicht erkannt
Ich sah sie an, hört´ unsre Lieder
Vor zwanzig Jahrn, im Wunderland

An jenem Strand, auf fernen Meeren
entbrannte unsre Liebe heiß
Spürt´ ihren Blick, den sanften, leeren
Hör ihre Stimme noch ganz leis

Da war so viel, das uns verbunden
So manche Nacht, so manche Zeit
Wir hatten dort die schönsten Stunden
Erinnerungen, die so weit

Ich wollte weinen, lachen, fliehen
an jedem Tag, der neu begann
Wär auf der Insel gern geblieben
Dort, wo wir endlos glücklich warn

Aus uns sind Fremde wohl geworden
Das Meer spült die Erinnrung fort
Was ist in mir, in ihr gestorben?
Wo blieb der märchenhafte Ort?

Spürte beim Abschied ihre Lippen,
im Abendwind, dort, am Gestad
Ein Donner stieg über die Klippen
und durch mein Herz, das längst erstarrt

Wie Eis schien mir der nächste Morgen
Saß im Hotel noch an der Bar
In Seel und Herz die alten Sorgen
Mein Kopf so schwer und nichts mehr klar

Mein Flieger ging in zwei, drei Stunden
Ein letztes Mal triebs mich zum Strand
Doch hab ich sie nicht mehr gefunden
Nur ihre Spur blieb mir im Sand

Viel später, auf der langen Reise,
las ich den Brief, den sie mir gab
„Ich lieb Dich noch", stand da ganz leise
„Weil ich Dich nie vergessen hab"

Es war vor zwanzig langen Jahren
Jetzt ist mir klar: *Es ist vorbei!*
Dort, wo wir einstmals glücklich waren,
blieb übrig nur ein
„Einerlei"

Naher Winter

Der Winter naht,
das Feld liegt ohne Leben
Und auch der Bach am Wald
stöhnt müde vor sich hin
Einsames Bad
Es fällt nur leis der Regen
Ich bin halb wach
und alt
Wo ist des Lebens Sinn?

Jetzt ist es Herbst
Die Bank gähnt vor den Weiden
Zu kalter Wind
Am Haus die Einsamkeit schon lehnt
Wer jetzt nicht scherzt,
der wird nicht lange bleiben
Kein einzig Kind,
nicht Mensch,
wird spielen hier verschämt

Das Jahr ist um!
Mein Weg führt in die Ferne
Doch nur im Traum,
allein
Die Nächte werden lang
Der Mond bleibt stumm
Und stumm sind auch die Sterne
Es schweigt der Baum,
der Stein
Und mir wird's langsam bang

Der Trinker

Irgendwo in jener Stadt
Dort, wo keiner Namen hat
Lebte er wohl irgendwie
Reichtum hatte er noch nie
Lebte er so in den Tag

Eines Tages gegen 10
Blieben alle Uhren stehn
Ja, man warf ihn einfach raus
Job und Arbeit – alles aus
Plötzlich ward die Welt nicht schön

Einsam saß er nun im Dreck
Irgendwo im Straßeneck
Nur der Alkohol war da
In der kleinen Hafenbar
Soff er sich die Sorgen weg

Trank ab jetzt tagein tagaus
So sah jetzt sein Leben aus
Alles sollt im Kreis sich drehn
Er konnt selbst sich nicht verstehn
Alkohol – sein bester Schmaus

Und die Sucht hielt ihn ganz fest
Er versoff den letzten Rest
Immer öfter fiel er um
Aller Traum blieb tot und stumm
Weil die Sucht nichts leben lässt

Irgendwann im Krankenhaus
Kam er aus dem Suff mal raus
Für sechs Wochen trocken, clean
Für sechs Wochen wieder Sinn
Wieder Mensch und keine Maus

Ja, er schwor sich klipp und klar:
Nie mehr saufen, wie´s mal war!
Wieder Arbeit, Lebenssinn!
Doch der Wunsch schien schnell dahin
Und es nahte die Gefahr

Ach, er trank so viel, so viel
Ohne Halt und ohne Ziel
Bis sein Traum total zerbrach
Aus die Heimat, Haus und Dach
Und der Regen fiel und fiel

Irgendwann sah er ein Licht
Hörte, wie man zu ihm spricht:
Fürchte dich nicht, komm nur, komm
Ich bin hier und warte schon
Und er fürchtete sich nicht

Warf die Flasche weit von sich
Spürte Kraft im Angesicht
Lief und lief und war schon fort
Einsam blieb sein Heimat-Ort
Nein, die Sucht vergab ihm nicht

Irgendwo in jener Stadt
Dort, wo niemand Namen hat
Hat gelebt er irgendwann
Nein, er war kein reicher Mann
Und vom Baum fällt leis ein Blatt

Der Minister

Er ist noch einmal dageblieben
Der Herr Minister schaut sich um
Er hat sich etwas aufgeschrieben
Wirkt überlegt, nicht aufgerieben
Er hört gut zu und ist noch stumm

Da ist die Frau aus fernen Landen
Die ist sehr eitel, will ihr Recht
Sie fühlt sich ziemlich unverstanden
Es geht heiß her in ihren Landen
Und wer dagegen ist, ist schlecht

Da geht's um Krieg und auch um Frieden
Um Ungerechtigkeit und Krieg
Soll man den Flüchtling hassen, lieben?
Die kamen her und sind geblieben!
Wohl ist's auch Angst, die übrigblieb!

Da ist der Arme, ohne Arbeit
Die junge Mutter, die kein Geld
Der Staat vergaß wohl jene Klarheit
Und drückt sich lieber um manch Wahrheit
Will nur, dass man den Richtigen wählt

Da geht's auch um des Lebens Ende
Die Alten, die man nicht mehr sieht
Zur Seelen-Ruh gibt's eine Spende
Doch wer *fühlt* all die alten Hände
Das, was noch bleibt, wenn man verblüht

So sitzen sie nun hier zusammen
Mit großem Wort in jener Show
All diese Menschen, die da kamen
All diese Leute, all die Namen
All diese Leben, *schwer und froh*

Der Streit geht auch um Mindestlöhne
Um manch Partei und ihr Programm
Da geht's um Töchter und um Söhne
Um späte Renten, die nicht schöne
Um gleiches Geld für Frau und Mann

Das Publikum in der Arena
Hört – sieht sich alles staunend an
So mancher glaubt schon an ein Schema
Und einer fragt in die Arena
Obs der Minister besser kann?

So geht die Zeit und auch die Sendung
Die Show ist aus, die Leute gehn!
War dieser Abend nur Verschwendung?
Hat man dafür vielleicht Verwendung?
Wird das Gezeigte bald verwehn?

Er ist noch immer dageblieben
Der Herr Minister, er versteht
Er hat sich sehr viel aufgeschrieben
Er sprach auch mal
Was ist geblieben?
Ein lauer Wind durchs Studio fegt

Intensivstation

Die Mutter liegt im Krankenhaus
Auf einer Intensivstation
Tief in mir drin sieht's düster aus
Die Mutter liegt im Krankenhaus
Ich lieb sie sehr
Ich bin ihr Sohn

Geh jeden Tag zu ihr dorthin
Dort scheint mir alles fremd, steril
Die Mama wollte nie dorthin
Und ich geh jeden Tag dorthin
Hoff auf ein Wunder, gar nicht viel

Die Apparate piepsen leis
Die Schläuche liegen überall
Der Kreislauf ist mal dünn, mal heiß
Ich weiß nicht mehr, was sonst ich weiß
Mein Leben ist in freiem Fall

Hab so viel Fragen in mir drin
Stell sie dem Arzt, der Schwester auch
Wie geht's nur weiter, wo geht's hin?
Tief hämmern Fragen in mir drin
In meinem Hirn zieht Angst und Rauch

So viel geht mir durch Mark und Sinn
Und durch mein Herz, das schmerzt so sehr
Geh jeden Tag zu ihr dorthin
Und weiß ansonsten nicht wohin
Ach, meine Seele wiegt so schwer

Manchmal spricht Mama leis ein Wort
Das ist so kostbar, wichtig, lieb
An diesem schwierig schweren Ort
Zählt jedes Streicheln, jedes Wort
Zählt mein Gebet, dass leise zieht

Die Schnabeltasse auf dem Tisch
Mit Wasser, Brei gefüllt nur halb
Ach Mama, warum trinkst du nicht
Ich halt die Tasse doch für dich
Kommst du nach Hause wieder?
Bald?

Die Mutter ist im Krankenhaus
Auf einer Intensivstation
Mit meiner Hoffnung halt ich's aus
Bin jeden Tag im Krankenhaus
Ich lieb sie sehr
Ich bin ihr Sohn

Mauern

Du stehst vor der Wand
Willst hindurch
Doch nichts geht
Sie ist nicht aus Sand
Die störende Wand
Nur ein Lüftchen weht

Reißt die Wand ein
Sie ist nicht dick, ist dünn
Sie ist nur aus Stein
Reiß sie jetzt ein
Spring einfach darüber hin

Böse Menschen, ach,
drohn vor dir mit starrem Blick
Denk nicht zu lange nach
Lass doch das Böse, ach
Schau doch dahinter,
nur ein Stück

Mauern grenzen dich ein
Drehst dich nur noch im Kreis
Reiß sie jetzt ein
Sie sind nur aus Stein
Geh deinen Weg
Er ist nicht aus Eis

Abgesang

Der Winter geht
Und will doch noch nicht weichen
In meinem Kopf
Zieht Kälte wieder ein
Was bleibt am End?
Wird mir die Zeit verstreichen?
Wird alles wieder so
Wie vor dem Winter sein?

Was ist ein Jahr?
Was sind die vielen Träume?
Ist alles doch am Ende völlig klar?
Ich spüre noch:
Im Kopf sind viele Zäune
Wird es so sein
Wie es so oft schon war?

Die Hoffnung bleibt
Mein Ziel bleibt fest im Auge
Der Weg ist hart
Ich muss ihn weitergehn
Der Winter geht
Was ich auch immer glaube
Ist einerlei
Ich muss mich selbst verstehn

140